Um Novo Regresso

Um Novo Regresso

Psicografado pela médium
Leo Fernandes

Ditado pelo espírito de
Anya Ruiz

© 2011, Editora Isis Ltda.

Supervisor geral:
Gustavo L. Caballero
Revisão de textos:
M. Varalla
Capa e diagramação:
Décio Lopes

Proibida a reprodução total ou parcial desta obra,
de qualquer forma ou por qualquer meio seja eletrônico
ou mecânico, inclusive por meio de processos xerográficos,
incluindo ainda o uso da internet sem a permissão expressa
da Editora Isis, na pessoa de seu editor
(Lei nº 9.610, de 19.02.1998)
Direitos exclusivos reservados para Editora Isis

ISBN: 978-85-88886-80-3

Prefácio 7
Capítulo Um.. 11
Capítulo Dois 39
Capítulo Três 67
Capítulo Quatro.. 81
Capítulo Cinco 93
Capítulo Seis.. 105
Capítulo Sete 133
Nota sobre o autor 155
Homenagem 157
Dedicatória 159

Prefácio

Raízes; que significado tem?

Poderíamos tecer inúmeras considerações, prosaicas ou não, elas estão inegavelmente presentes em nossas vidas.

Do exemplo mais singelo a nossa frente, posto que não ha quem não reconheça a fisiologia de uma árvore, até a mais complexa combinação de estruturas de sustentação moderna já desenvolvida pelo homem.

Mas falamos aqui de outro tipo de Raízes.

Daquelas que nos prendem ao tempo em que trilhamos os caminhos em direção a evolução.

Por quantas vezes ao olharmos para traz, na esteira dos nossos passos, não testemunhamos a presença vívida e incontéste daquelas que nós mesmos lançamos e de quantas ramificações dispersaram-se.

Com certeza, as Raízes mais frondosas, aquelas que verdadeiramente nos prendem, são as que olvidamos decepar.

Assim como também aquelas que se dispersaram, se confundiram com as que abandonamos pelo caminho em detrimento a renovação.

Se não, analisemos singelamente a simbólica figuração da árvore como nossa vida.

A princípio sim é necessário que tenhamos profundas e firmes Raízes para sustentar esta subida aos Céus.

Mas ao mesmo tempo em que as Raízes nos sustentam, elas também nos nutrem pela absorção do que há na terra.

Como um vaso comunicante está sempre a nos enviar o sustento da vida para que dele façamos o proveito.

Cabe a nós a decisão de subir cada vez mais, buscando nos altos elementos mais puros e estendermos a copa de maneira a abrigar muito mais a quem necessite.

No entanto, ficam as perguntas:

Quantos de nós nos dias de hoje pensa realmente em evolução?

Quantos de nós estamos realmente atentos a voz intima da intuição que insiste em nos indicar os caminhos?

Ou então, quem realmente atende primeiro aos anseios da alma?

E por segundo releva as coisas ditas materiais e terrenas, mesmo que seja a ortodoxa estrutura familiar?

Aqui temos a oportunidade de presenciar um exemplo de como nossas vidas ao longo do tempo se desdobra na mesmice, uma após outra enquanto não estamos atentos as nossas Raízes.

Anya Ruiz nos brinda com uma história que não pode passar despercebida por aqueles que pensam na evolução.

A trama urdida neste conto não foi fruto de uma mente super desenvolvida ou diabólica, simplesmente atesta o quanto de desprezo temos por nossas Raízes.

Se buscássemos compreender um pouco mais da fisiologia da árvore como dissemos atrás, talvez estivéssemos em melhores condições hoje de avaliar quantas vezes nos foi oferecida a oportunidade de mudar o rumo da nossa existência.

Mas como eterna é a vida, fica o convite para que este belo enredo, tocante nos seus ensinamentos, possa fazer com que nossas memórias retenham um pouco mais deste alimento para a alma de que tanto necessitamos.

Lembro também aos leitores que irão se sentir reconfortados com a prestimosa homenagem que se evidencia ao Orbe Terrestre, nossa Pátria Mãe, assim como as verdadeiras Raízes deste nosso Brasil.

JLivramento.

Capítulo Um

Naquele outono, as folhas das árvores começavam a cair, algumas flores campestres resistiam às mudanças do clima, enfeitando os galhos desvestidos e espalhando seu perfume através dos ventos. A natureza se preparava para a nova roupagem!

Os moradores da Fazenda Santa Luzia, deveriam ter pela frente, a vida voltada ao trabalho e à prosperidade, naquele ano que se iniciava em terras como aquelas, não havia espaço para preguiça e descontentamento. O preparo do terreno para o próximo plantio, a colheita das safras do início do ano, a lida com o gado, tudo sempre a cargo do senhor Matias e seus dois homens de confiança.

Uma região de solos ricos, a fartura vicejava naquela estância. O proprietário seguia os passos de sinhozinho Alencar, dando continuidade a um sonho de vida. Onde a vista alcançava, havia plantações, então, o orgulho e a realização acompanhavam esse olhar...

Venâncio, o feitor, mantinha as ordens na ponta do chicote caso precisasse. Era o responsável pelo desempenho do trabalho dos escravos, com disciplina e rigidez; inúmeras vezes o tronco era usado sem piedade.

A fama do feitor corria longe!

A postura de Venâncio nada mais era do que uma extensão daquela dos seus senhorios, costumes esses implantados já de várias décadas e não eram vistos como um aviltamento, no cotidiano, dos seres que trabalhavam de sol a sol.

Naturalmente viviam sendo tratados como animais.

Parecia que havia uma raça predisposta à maldade em todos os sentidos, como se o negro não sentisse: dor, amor, compaixão ou qualquer outro sentimento.

No ato da captura aos negros, em continentes distantes, e sendo depois comercializados em massa, portanto esfacelados dos seus; foi tão brutal essa intromissão que ao chegarem aos novos continentes, era como se perdessem também ,ao longo do percurso ,a própria identidade. A maioria deles se tornava submissa em todos os sentidos.

Enquanto isso, o "capitão do mato" conhecido pelo apelido de Zé Lobo, que nunca perdera uma busca a negro fujão, fiscalizava de maneira geral aquela propriedade, na ausência dos patrões todos se comportavam sob as diretrizes do capitão.

Uma vez que fora empregado do antigo "sinhozinho" Alencar e agora, nos dias de hoje, era um homem mais do que de confiança.

Na falta do sinhozinho, ele resolvia todos os problemas e também com maestria os de ordem financeira. Um homem inteligente, austero e extremamente perigoso.

Não tinha família, o preciosismo de Zé Lobo era a honestidade ao seu patrão, suas companhias eram: a garrucha e a solidão.

O vale foi abençoado por Deus, a beleza natural daquele rincão foi moldada pelas determinações de seus proprietários e à custa do suor dos negros que completavam o cenário.

Há anos passados, foi separado, mais ao sul, um pedaço de chão para pastos. Ali as gramas verdes e bem cuidadas, com árvores frondosas e esparsas, faziam contraste, embelezando mais ainda a região por onde o gado avermelhado de chifres grandes e imponentes dava uma imagem majestosa ao lugar.

Eram menos de duzentas cabeças para o consumo e algumas para venda, coisa que se fazia vez ou outra.

Nas plantações de café, os olhos perdiam-se de vista e do outro lado, o canavial; ambos abasteciam a região e geravam fontes de renda!

A fazenda parecia um formigueiro.

De um lado, a secagem de café e todo o trabalho que exigia essa função e do outro, o cheiro da cana impregnava o ar; os dois engenhos moíam dia e noite, as fornalhas e seus tachos de melado ferviam o ano todo.

Carros de bois, de vez em quando, saíam com suas cargas de rapadura empalhadas estrada a fora, as rodas dos velhos carros marcavam o chão.

O senhor Alencar não possuía uma fazenda de milhares de hectares, isso não, suas terras eram muito aquém do que se poderia dizer um grande latifundiário, mas não havia um palmo de terra que não fora cuidado.

Com inteligência, ele fez de suas terras um modelo invejado por todos que conheciam a propriedade.

No pomar, ricamente plantado, não faltavam frutas das mais diversas qualidades dando um colorido especial e nas épocas apropriadas formavam seleiros naturais para as aves silvestres.

A cordilheira não era alta, mas tinha morros uniformes, destacando dois picos como se fossem um castelo, a serra, nas laterais, em forma de meia lua, circulava a propriedade, e a vegetação chegava a ser escura como a mata virgem.

Parecia que uma muralha abraçava a sede da fazenda e ao entardecer o sol se punha entre os dois picos revelando um cenário belíssimo.

Ninguém se cansaria de olhar.

Quando se saia na varanda, ficava uma sensação de aconchego, aliada a uma proteção da natureza.

A cachoeira descia a serra numa cascata que mais parecia um facho de luz. Nascendo exatamente ali o Rio Capivara, fino no início e frondoso ao longo do percurso.

Em alguns lugares, pelo declínio do terreno formava-se um espaço onde as águas se espalhavam e se enchiam de lírios brancos e taboas, as capivaras se refrescavam e ao serem ameaçadas sumiam na vegetação.

Era margeado por pastos verdes bem cuidados, no qual árvores como: ipês de várias cores, pés de pitangas, marmelos, e araçás, serviam de abrigo aos pássaros com seus cantos magníficos, e as horas de lazer da família, em seus piqueniques.

Aos domingos, as senhoras e suas negras de confiança desciam ao local com cestas de guloseimas. As toalhas brancas, bordadas ricamente, eram expostas na grama, com iguarias que eram degustadas por elas com gestos coquetes, típicos de senhoras daquela época.

Enquanto os filhos brincavam nas águas claras, elas colocavam os assuntos em dia, e seus senhores tratavam de negócios.

Havia outras propriedades na região, mas digna do título de beleza e sucesso igual à fazenda Santa Luzia não!

Todo o encanto desse pedaço de céu naquele momento testemunhava a agonia do negrinho Zerê, o moleque corria desesperado, os pés, acostumados a andar descalço, mal tocavam o chão.

A respiração entrecortada o fazia pensar na vontade de ter asas para voar e chegar à casa grande!

Galhos de alguns espinhos lhe rasgavam o peito nu nem isso lhe impedia a corrida e, dessa vez, nada de dar volta ao portão como instruía sinhá, pulou a cerca, entrando cozinha adentro caindo aos pés de sinhá Rosário!

Esta sentada, com uma bacia de abóbora em cima da mesa, sendo preparada para uma receita de doce, se levantou, limpando as mãos em seu avental, dizendo:

– Que é isso moleque? Isso lá é jeito de entrar aqui? Só por que foi criado, com certa regalia, já está pensando que pode fazer o que quer?

Enquanto dizia isso o olhar se dirigiu à negra Nayb, sua confidente e amiga; as duas trocaram olhares de cumplicidade.

Depois que, Rosário havia contado a ele sobre Sansão e Dalila, em uma noite qualquer na cozinha, ele se imaginava um grande guerreiro, vivia de espada feita de pedaço de pau, guerreando com inimigos imaginários, condizente com sua idade.

Um negrinho inteligente de nove anos. Vivia sobre a proteção de sinhá, havia nascido sem a mão direita, motivo de graça dos negros na senzala, segundo eles esse já nasceu predestinado a ser folgado.

O negrinho ajoelhou-se empalidecido balbuciando as palavras:

– Sinhá, Goia está morta no rio!

Rosário sentiu um zunido nos ouvidos como se fosse ficar surda, sentou e por uns momentos as pernas amoleceram.

As palavras ditas não faziam sentido, em que esse menino encontrou coragem para fazer uma brincadeira dessas?

A gamela de laranjas caiu das mãos de Nayb com um som seco, espalhando as frutas no assoalho da cozinha.

Rosário levantou e agarrou o negrinho sacudindo-o, ele parecia um boneco de pano empalidecido.

– É verdade, sinhá, eu juro!

Rosário saiu correndo em direção ao quarto da filha, se fosse brincadeira desse moleque, ela mesma o esfolaria! Ah, se ia...

Mas ao abrir a porta, veio-lhe um pressentimento ruim, sentiu um frio nas costas e a certeza de que sua filha a havia deixado.

Com olhos rápidos vislumbrou um envelope, escrito: "Para mamãe" as pernas não a obedeciam, soltou um grito levando as mãos aos céus.

Nayb já estando com ela naquele momento, adiantou-se e pegando o envelope, proferiu: – D*eixa "está" sinhá, depois você "veja."* Sente-se aqui! Arrastou-a para a cama:

– Fique calma já mandei os negros correrem o rio.

Pode não ser ela, deve de estar brincando, por aí, e Zerê se confundiu, vive no mundo da lua!

E esse envelope não há de ser nada, vou por embaixo do colchão, depois sinhá "veja!"

E se esse negrinho inventou uma coisa dessa, sinhá, com mão, sem mão vai é entrar na lida! Afinal quando a mãe dele morreu o deu para mim. E pelo que estou vendo, não estou cuidando direito. Não é mesmo sinhá?

Rosário queria ouvi-la, se convencer, que era isso mesmo, traquinagem de criança; empalidecida, sem conseguir sair do lugar, mandou Nayb verificar direito aquela história.

A negra velha saiu pelos corredores da casa, mas intimamente Nayb pedia a Deus misericórdia, ela a dias vinha notando mudanças no comportamento da mocinha.

A alegria da menina parecia que havia ido embora, vivia pelos cantos da casa pensativa, Nayb lhe fazia perguntas, mas ela não respondia.

Os seus pratos preferidos eram deixados pela metade, Nayb já havia comentado com sinhá, mas ela dizia ser coisa da idade ou saudade do irmão.

Ela queria estudar na cidade, entretanto seu pai já havia dito que estudo demais para mulher não valia à pena. Acabaram achando que logo passaria essa fase ruim.

Rosário não conseguiu esperar, levantou da cama e correu atrás de Nayb, ao chegar à sala a velha negra estava sentada, em uma poltrona, com os olhos parados, e um dos escravos à frente dela.

O atrevimento de Gil dizia tudo! Os negros nem ao menos entravam na cozinha da casa grande.

Ao ver sinhá Rosário, o negro ajoelhou-se com lágrimas nos olhos, abaixando a cabeça em sinal de respeito.

Sinhá Rosário experimentou naquele momento o cálice de fel.

A dor sentida jamais sairía. Pediu a Deus misericordioso que a amparasse, pois sozinha ela não conseguiria.

Nayb a abraçou, aconchegando-a ao peito, fazendo-a sentar-se e, com as mãos calejadas, a embalava como se fosse um bebê.

Lágrimas grossas rolavam nas faces da negra, Rosário aninhou-se em seu colo, mesmo porque nem se quisesse daria conta de levantar-se.

Nayb sabia que nada havia a fazer em uma situação dessas, ela já conhecia muito bem esse sentimento, o pior deles, a impotência!

Alisava os cabelos sedosos de sua menina! Seus pensamentos vieram rápidos como relâmpagos às lembranças que ela fizera questão de esquecer, lutava dia após dias para escondê-los e, em momentos como esses, as dores dos que nos são caros nos levam de volta ao passado.

Por mais que lutemos, eles teimam em estar presente na nossa vida.

Veio-lhe à mente sua terra natal, que hoje para ser sincera, ela nem tinha noção de onde ficava, sabia que uma imensidão de águas as separava.

Em sua aldeia levavam uma vida enraizada, alguns parentes eram nômades, mas seu pai por ser um homem próspero, escolheu aquele lugar para morar, havia água, em uma gruta, o ano inteiro e tinham cinco vacas e um boi.

Isso era sinal de riqueza e os parentes os respeitavam.

Todos os seus avós e também os tios quando casavam só construíam mais uma tenda e viviam todos juntos. As mulheres assim como sua mãe, faziam farinhas de raízes, ensinavam às meninas os remédios certos para cada doença, cuidavam das crianças e velhos.

Ao fim do dia, saíam à procura de ovos e algumas frutas, que era coisa rara, havia a época certa delas. Mas não sentiam falta de nada, eram felizes.

Seu mundo era cercado de mistérios, pouquíssimas novidades relacionadas à existência de outras civilizações, uma coisa ou outra era contada pelos anciões. As novidades se restringiam a quando uma caravana de conhecidos raramente por ali passava.

Hoje ela podia avaliar o estado de pureza em que viviam, caso fossem deixados como estavam com certeza ela já teria casado, sendo agora uma avó e veria seus netos colhendo ovos pelas planícies secas de sua terra.

Sentia saudade de uma coisa que nunca existiu!

Os meninos saíam para caça logo cedo, aprendendo o ofício, o segredo de sobreviver em terras distantes de tudo, as dificuldades que encontrariam pela frente quando constituíssem famílias.

Quando os meninos conseguissem matar, com as próprias flechas, um animal mais pesado do que eles, entravam na categoria de homens.

O feiticeiro da aldeia realizava um ritual, apresentando-os ao mundo dos adultos, já poderiam casar se quisessem.

Nesse dia, era feita uma festa: com danças e rituais aos Deuses, motivo de orgulho dos pais, de já terem um filho adulto e motivo de risos das meninas; sairiam dali prováveis pretendentes.

Nessa vida simples, certa vez, foi acordada bem antes de o sol começar a tingir de vermelho o novo dia.

Ouviram um barulho, mais parecia um trovão, assustando a todos, seu pai ainda comentou não ser época de chuva!

Ao abrirem a porta da tenda depararam-se com algo jamais visto, foram encurralados por homens com falas estranhas, alguns deles pegaram as lascas de pau, avivando a fogueira.

Eles vestiam-se por inteiro, tinham pelos no rosto e nos braços e um cheiro diferente.

Entre a curiosidade e o medo eles não sabiam o que fazer, seu pai ao tentar falar com um deles levou uma paulada nas costas.

O dia foi raiando junto com o desespero.

Os homens foram amarrados uns aos outros, depois as mulheres, umas às outras.

Os que tentaram a fuga foram mortos na frente de todos por aquele estouro, seus tios e amigos.

O pânico se instalou entre eles e, até aquele dia, ela não encontrava palavras, para descrever a expressão no rosto de seus familiares.

Alguns conseguiram fugir, os velhos e os doentes foram mortos, as crianças de colo também, crianças como ela foram amarradas aos adultos. Suas casas arderam em chamas em pouco tempo, não sobrando nada da vida desse povo:

Seus familiares e os costumes, uma vida de luta e de trabalho destruídos, exatamente como agora na vida de sinhazinha, ao acordar em um dia lindo, com tanto trabalho para fazer?

Sonhos e esperanças... Tudo perdido! Teriam um trabalho árduo, que só o tempo se encarregaria, mas... Nada mais seria igual, assim foi consigo!

Naquela manhã maldita, as mulheres choravam seus filhos, seus parentes; os homens se olhavam incrédulos, seu pai com os olhos cheios de lágrimas, envergonhado por não conseguir socorrê-los.

A palavra certa para aquele dia, em sua infância, era a incredulidade e anos mais tarde aprendeu por aqui outra palavra. Humilhação!

Tornaram-se a partir, desse dia, desonrados. Por que estariam sendo levados? Para quê? Por quê? Onde estariam os deuses?

Viajaram acorrentados por doze dias, seu pai dizia que aquela rota não era conhecida, cansados e famintos, enfim encontraram outros homens iguais aos malfeitores, com mais gente de outros lugares e de outras aldeias cujas línguas eram desconhecidas e, para mais tristeza, alguns conhecidos.

Era como se o demônio os tivessem arrebanhado.

Alguns morreram pelo caminho e depois de dias chegaram a um lugar em que mesmo que levassem uma vida inteira eles não compreenderiam.

Os caminhos eram de pedras, as moradias bem coloridas de vários tamanhos! Todos se vestiam iguais aos homens que os capturaram.

O objeto que cuspia fogo e matou seus tios e os outros, todos possuíam! As mulheres cobriam o corpo até o chão e na cabeça usavam enfeites de penas de aves!

Se fosse em outra situação, seria motivo de graça entre eles. Seu povo era curioso, quando um deles via algo interessante, todos os outros deveriam ver e tocar para que ninguém se sentisse diminuído, a sabedoria deveria ser para todos.

O que estavam vendo, era algo tão diferente que chegaram a esquecer por momentos o medo, a curiosidade estampada nos olhos de cada um, todos sussurrando baixo, só voltaram a tomar consciência de sua condição com os gritos e empurrões, quando foram sendo levados a um cercado.

Famintos e cansados, as mulheres já não choravam mais seus filhos, os olhares de tristeza se cruzavam. Nada no mundo traria a alegria de volta!

O destino dessa gente estava nas mãos dos deuses, uma provação jamais esperada.

Os deuses do mal assumiram o lugar do bem e eles estavam desgraçados para sempre.

Na manha seguinte receberam uma comida ruim e água, depois foram levados para outro lugar, atravessaram aquelas moradias, viram que eles eram muitos, nada se podia fazer. Seu pai? Olhava-as de longe e acenava pedindo que ficassem quietas.

O que viram em seguida era uma lenda contada entre os mais velhos, eles diziam que havia um lugar com tanta água que molhava a terra inteira, que só os deuses poderiam ir a esse lugar.

Muitos achavam que quem as contava, ou era louco, ou já estava velho variando das ideias.

Foi a visão mais bela de toda a vida! A espuma branca, o som das águas chegando aos pés! Um sentimento de espanto tomou conta de todos. Os homens falavam entrei si, as mulheres soltaram a voz depois de dias e as crianças esqueceram que estavam amarradas, a areia fina fazia cócegas nos pés.

Sorriam todos, olhando espantados diante de tamanha beleza; na verdade, o caminhar não parou até chegarem a uma tenda na qual havia mais daqueles homens.

Em meio a tanta água havia uma embarcação, hoje ela sabia "embarcação, canoas, caravelas", mas naquele momento nem sabia o que era.

O assombro de ver o mar e a caravela flutuando deixaram os homens em vozerio interminável.

Foi como se, por um segundo, Deus lhes mostrasse um pedacinho de alegria para aguentarem o que vinha depois.

Os homens foram todos obrigados a entrar nas canoas e foram levados para aquela "coisa", seu pai e seus irmãos as olhavam com tristeza, ela percebeu ali o adeus para sempre, como de fato, nunca mais os viu!

Eles foram sendo levados pelas águas até lhes sumirem das vistas! Todas elas ficaram paralisadas, vendo as embarcações sumirem no horizonte.

Não sabia dizer se as águas ou o céu os engoliram.

Sua mãe com os olhos fixos não mexia um músculo da face, ela tentava distraí-la, chamar-lhe a atenção e não conseguia, a dor estampada no rosto foi vestindo-lhe a alma como um segundo corpo.

Naquela noite, elas dormiram ao relento, escutando as águas barulhentas, amarradas e vigiadas.

Comeram frutas estranhas que em dias normais seriam divididas entre eles para que cada um deles as provasse.

Percebeu que a curiosidade e a afabilidade que havia entre eles, sumiram como por encanto.

A única coisa dividida eram as dores!

Sua mãe entre cansaço e soluços adormeceu abraçada a ela.

Na manhã seguinte, foi a vez delas, outra "coisa" daquela chegou, foram levadas nas canoas e o pavor de cair nas águas lhes paralisava a respiração.

Na embarcação grande, foram jogadas na parte de baixo, um lugar escuro, com pequenas aberturas por onde mal entrava o ar.

Muito molhado, o chão cheio de água com capim que um dia foi verde fazia um barulho ao pisar e o mau cheiro exalava algo de podre, que lhes entrava pelas narinas.

Quando os olhos se acostumaram à escuridão, pôde verificar que aquele lugar encontrava-se cheio de mulheres e crianças, com roupas diferentes e línguas faladas que nunca haviam sido ouvidas, sem ter como se comunicarem.

Disputa por espaço, mas uma coisa era certa, todas choravam suas perdas.

Vez ou outra, ratos passeavam pelas pernas de todas elas causando agonia, ao longo do dia jogavam uma comida, que na verdade era uma gordura podre e crua e água para beber de dois em dois dias. O suficiente para não morrerem de sede.

Mas naquela viagem morreram crianças e mulheres; ali mesmo já experimentaram o chicote.

Os mortos arrancados das mãos dos familiares sem respeito, e, com certeza, o destino dos corpos seria as águas; sem orações e sem oferendas ficariam perdidos entre os dois mundos.

Nayb, a velha escrava, não sabia dizer quantos dias ficaram ali, mas ainda lembrava quanto o balanço das águas revirava o estomago.

Quando abriram, para que elas pudessem sair, os olhos doeram e perdeu por segundos a visão, porém aos poucos foi voltando a ver, foi tomando conhecimento de onde estava.

Os olhos viram montanhas cobertas de árvores; saíram daquela embarcação, passaram para outra menor!

A areia era tão branquinha que doía as vistas, ao descer se tivesse podido teria se abaixado para tocá-la, jamais vira nada mais belo em toda a vida.

Os pássaros de todas as cores, de beleza sem igual, alguns homens muito grandes de pele vermelha como a terra em que viviam seminus, com minúsculas peças tampando-lhes o corpo, iguais a eles mesmos.

Os homens de pelos no rosto, vestiam roupas iguais uns aos outros, mas de couro e cobriam todo o corpo, as mulheres que havia por ali não eram como as outras, as roupas eram sujas, algumas rasgadas e sem dente quando sorriam.

Os gestos eram agressivos e o sorriso era falso.

Percebia-se uma dureza diferente nos olhares.

Para eles que foram criados em terreno árido, foi um verdadeiro choque ver tantas árvores e pássaros. E a chuva?

Todos os dias se não de manhã, era à tardezinha, onde estariam?

Se eles tivessem sido trazidos com todos os seus familiares, sem mortes e sem maldades, eles iriam pensar que foram os deuses, pois que ali parecia um paraíso!

Foram conduzidas por um caminho, chegando a um lugar no qual as moradias eram coloridas, mas sem a beleza de onde saíram a dias passados.

Havia um cercado e muita gente, perto: cachorros, cavalos e gritos. Os cachorros eram verdadeiras feras.

Uma por uma delas foi levada e percebeu que estava sendo vendida, agarrou-se à mãe apavorada, seu pai e seus irmãos não foram vistos.

A mãe pegou-lhe as faces entre as mãos e disse:

– Nunca se esqueça de onde veio, sua família, suas raízes, seja forte e aprenda a conviver com essa gente, mesmo que nunca mais nos vejamos estaremos juntas. A esperança mora na cabeça, o amor no coração!

O desespero de sua mãe na eminência de perdê-la era de cortar o coração.

Mal disse essas palavras ela foi sendo arrastada e ao ser vendida saiu junto a algumas mulheres em uma condução puxada por cavalos e não havia como correr, eram portas iguais as de onde estavam quando veio, naquela embarcação, nas águas.

Sua mãe em despedida levantou as mãos mostrando a cabeça e o coração. Ficou olhando até vê-la sumir na estrada.

Ela não conseguiu dizer uma palavra sequer, queria gritar, que a amava e que não a esqueceria, mas a voz não saiu.

Por anos a fio conviveu com esse sonho ruim, em que sua mãe na areia branca abria os braços sorrindo.

Ela a chamava e ela não conseguia sair do lugar, acordava chorando. Faz pouco tempo que esses sonhos acabaram.

Esses pensamentos vieram agora, ao ver sua menina sofrer.

Uma dor remontada, grande demais para o pequeno coração e para a idade dela, as pernas amolecidas e buscando, com sofreguidão, no próprio íntimo forças para ajudar e amenizar a dor de seus amados!

Ela sabia o que Rosário estava sentindo. As dores da separação!

Um espaço que dificilmente se preenche.

O tempo se encarrega de amenizar, são sofrimentos que só quem os experimentou sabe a força que precisamos fazer para continuar vivendo.

Os soluços de Rosário ainda aninhada ao colo da escrava, com tais pensamentos dolorosos, eram mais uma vez uma árdua tarefa e ela já se sentia velha para tanto trabalho!

Foram as duas interrompidas por um som vindo da varanda, os escravos estavam chegando. Pelo volume das conversas, Nayb sentiu um frio no estômago.

– Sinhá, por tudo que é sagrado, fique aqui!

"Deixa" a negra velha cuidar de tudo, depois a sinhá "veja", não adianta mais, espere o sinhozinho Matias que deve "de" estar chegando.

Nayb saiu pedindo a seus guias que lhe dessem forças. Dessa vez seria, sim, um trabalho doloroso, ela viu aquela criança nascer, foi ela que fez o parto.

Na verdade, Rosário não conseguia levantar-se, Sofia veio ficar com ela, já trazendo uma xícara de chá. Matias ao ser avisado não conseguia acreditar. Não sua filha! E se fosse verdade?

O primeiro pensamento foi a vergonha que esse ato lhe causaria, o nome da família era algo sagrado ao entender dele. Logo em seguida se deu conta da tamanha estupidez, o coração parecia que ia sair do peito.

Montou seu cavalo e correu como uma tempestade em direção à Sede.

Ao chegar a casa mal desceu do cavalo já viu sua filha sobre a mesa da varanda, enlouquecido se aproximou, vendo as roupas da menina molhadas.

Por ironia, nos cabelos claros, flores minúsculas avermelhadas que caem das árvores nas águas do rio, estavam emaranhadas, emoldurando rosto lindo já empalidecido!

Os escravos de joelhos cada um com o chapéu, ao peito, em sinal de respeito.

Presenciou a dor tomar conta de sinhozinho, como um insano ele pegou uma cadeira e saiu quebrando tudo pela frente. Parecia um louco tomado pela dor.

Os escravos presenciando a dor de seu Dono se compadeciam de seu sofrimento.

A menina era querida por todos, havia sempre um sorriso nos lábios, era alegre e gentil com eles.

O silêncio caiu sobre todos, como um manto escuro era tão denso que parecia que podia pegá-lo com as mãos, o sol já se preparava para o entardecer e, nesse momento, se fazia ouvir o som de uma cotovia...

Rosário veio ao encontro de seu marido, abraçando-o e conduzindo-o aos seus aposentos, para que juntos pudessem chorar sua perda.

Matias sentou em um canto do quarto e não saiu do lugar, Rosário com palavras de arrimo tentava consolá-lo.

Nayb precisava tomar providências, levaram a menina para seus aposentos, banharam-na, vestiram-na com sua melhor roupa e pediu que Sofia fizesse uma guirlanda de flores, com as rosas de seda do vaso de seu toucador.

Assim enfeitariam o rosto da menina para uma viagem antecipada e sem volta!

Essa tarefa, no momento, estava sendo a mais dolorosa que fazia nos últimos anos, tratar das feridas de negro fujão era muita dor, mas eles sabiam que pertenciam ao sinhozinho, era esse o costume dessa terra.

Quando alguns escravos faleciam por doença ou velhice, dava muita pena, pois que foram levados dos seus e morrem sozinhos, mas um suicídio era algo doloroso de ver, e sendo da menina que ela viu nascer era muita tristeza em uma vida.

Foi até o quarto de sinhá, precisava de instruções.

Rosário reuniu forças e foi tomar atitudes. Com Matias não havia como fazer nada nesse momento, o estado do pai era de completo desespero.

Ao ver a filha linda em sua cama, abraçou-a muito e saiu como se uma força tomasse conta de si.

Chamou Venâncio e pediu que tirasse a mobília da sala, era ali que velaria sua filha, depois ordenou que fosse aos vizinhos notificá-los, também, ao vilarejo de Nossa Senhora de Fátima, avisar os amigos e o padre da paróquia.

Pediu as negras da cozinha que providenciassem comida para os convidados, muitos viriam de longe e que não faltassem velas e flores a noite inteira.

Mandou chamar Zé Lobo, pedindo-lhe que fosse ao cemitério da família que ficava na entrada da fazenda, aonde ela sempre ia, aos pés do cruzeiro, pedir proteção à sua família.

Com certeza, Deus precisou de sua filha junto dele!

E que fosse ele para lá, escolher onde ela seria depositada, ainda o lembrou que, do lado da cerca, mais acima, havia um pé de jatobá e fazia sombra quase o ano inteiro.

E depois voltasse, ela ia escrever, precisava de seu filho junto dela, esse momento sem ele ia ser muito difícil.

No entanto, Venâncio pela primeira vez desobedeceu a uma ordem, sinhá Rosário se esqueceu do caixão e alguém teria que fazê-lo, ele que não confiava em negro dessa vez confiou.

Ordenou a Gil e Miguel para fazerem o que precisava no vilarejo. Ele mesmo iria fazer o caixão mais bonito que conseguisse, começaria agora, de manhã já estaria pronto.

Ele queria que sinhazinha fosse sepultada com honra!

Venâncio chamou dois escravos e foram ao galpão onde a madeira estava, escolheram as tabuas mais retas que existia, com serrotes e martelos começaram o trabalho, o silencio se fez, a respirações dos homens chegava a incomodar de tão quietos.

O barulho do serrote era acompanhado pelo som da revoada de pássaros que se preparavam para o recolhimento, ao entardecer.

Que sina a do sinhozinho Matias? Pensava Venâncio, como foi acontecer uma desgraça dessas?

Já vira de tudo nessa família, quando ali chegou, nem haviam reformado a casa grande, sinhozinho era um menino quase de colo.

O velho Alencar era homem de fibra, em toda a vida nunca viu ninguém mais determinado do que ele.

Sua contratação se deu em um final de ano, na cidade do Rio de Janeiro, estava sem trabalho fazia pouco e lhe disseram que o sinhozinho Alencar pagava bem.

E como não tinha família, foi simples, acompanhou-o no mesmo dia. Conhecia seu trabalho, foi apenas alguns dias, parar correr as terras, saber o que era dele.

O seu homem de confiança, o tal Zé Lobo, impunha respeito a qualquer um. Mas depois de certo tempo entre os três foi desenvolvido um respeito e amizade que perdurou até hoje, esse sentimento foi transferido ao sinhozinho Matias.

Diabos!.... Ele nunca disse a ninguém, mesmo porque seria uma afronta!

Mas tinha Matias como se fosse seu filho. Acompanhou o crescimento desse moço, tem orgulho de vê-lo com a mesma garra do pai, está certo que ficou uns tempos fora no tal estrangeiro.

A verdade tinha de ser dita! Se não fosse Zé Lobo aquela fazenda pereceria, ele não nasceu para negócios.

Foi nesse entrevero, que de vez, veio a respeitar e ser o amigo de verdade desse homem calado e estranho, se precisasse, por ele dava a vida.

Foi esse homem que ensinou para ele a tal honestidade, no começo, quando o moço partiu e depois com a morte do velho Alencar, permaneceu calado, preocupado, vendo que rumos as coisas tomariam, mas Zé Lobo foi agenciando como se fosse o patrão.

E jamais teve ares de importância, não mudou nem de cama. Se ele quisesse não só passaria a ter as regalias da casa grande, como ainda tomaria tudo!

Ele mesmo?

Não era ninguém, o que ele fez de bom na vida? Nada!

Certo, fez seu o trabalho, "negro" não escapava. Errou? Tronco! Simples assim...

Sorriu de leve ao lembrar os comentários dos vizinhos, o Zé Lobo dobrava as plantações, ele se encarregava dos trabalhos, mesmo depois de morto o velho Alencar continuava a impor o ritmo.

E os dois, Lobo e ele eram como paus mandados.

Arrependimento não havia, faria tudo novamente!

Quando Matias casou...

Como que uma menina tão franzina podia ser assim?

Carinhosa com todos indiscriminadamente!

Passou a respeitar sinhá Rosário pela generosidade e determinação que possuía e depois as crianças encheram aquela casa de alegrias.

Respirou fundo, lixando as tábuas nem percebeu que um dos negros veio pegar as lixas das mãos dele, ele o empurrou sem palavras, o negro afastou-se vendo-lhe a expressão de sofrimento.

Sinhá Rosário quando ali chegou com um jeito assustado, foi se transformando em uma rainha. Nenhum feitor é querido por ninguém, só mesmo o dono dos escravos o quer por perto.

Mas essa moça nunca lhes enviou um olhar de censura sequer.

Era como se percebesse que cada um fazia o que sabia? Sem meter-se na vida dos outros.

O fato é que a sua atividade de feitor e seu tempo foram sendo tomados com alguns concertos de cerca, telhado, dos escravos ele não tirava o olho, nem do seu desempenho no trabalho, sempre atento a um possível motim, mas um pouco de paz se estabeleceu, sim.

Não podia expressar o que sentia nem em sonho, havia que continuar com a fama de mau, título esse conseguido com justa causa!

Mas já não sentia mais tanto gosto em espancar negro, não! E o sinhozinho Matias, esse era de rir....

Ela o enrolava direitinho, vendiam todos os negros fujões. No começo, ele ficou bem zangado com as atitudes do patrão, onde se viu vender?

Mas depois viu que estava certo.

E a sinhazinha fazia-o almoçar e jantar na cozinha da casa grande, com regalias.

As crianças danadinhas corriam atrás dele pelo quintal e só o chamavam de tio!

Tio "Venanço," no começo, quando iniciavam a fala.

É por uma dessas que ele não acredita no tal de Deus, não! Se ele existisse, não permitiria uma desgraça dessas.

Os gritos de dor do seu patrão e os lamentos de sinhá Rosário eram dor sem explicação!

E a menina nem viveu...

Os negros, ajudando-o a segurar as tábuas para serrar certinho e na medida, viram uma única vez os olhos daquele homem de coração de pedra umedecidos pela tristeza.

Se eles precisassem comprovar se o feitor tinha sentimentos? A filha do sinhozinho encarregara-se dessa verdade.

Com todas as providências sendo tomadas, sinhá Rosário se dirigiu ao escritório, com papel e pena nas mãos, não sabia como começar a carta ao seu amado filho, que se encontrava tão distante.

Os dedos não conseguiam abrir o tinteiro. Levou mais tempo do que imaginava, foram rasgadas inúmeras folhas começadas; Henrique amava aquela irmã, como ele receberia essa noticia?

Como se diz a um filho que acabara de perder outro?

Deus deveria, por caridade, dar a ela clareza e discernimento, para escrever tão difíceis palavras...

Sentia pelos cômodos da casa, os serviçais desempenhando as funções cabíveis; as mulheres chorando baixinho e os homens pareciam que tinham medo de falarem entre si.

Zé Lobo foi ao cemitério com um dos negros, escolheu o local para a tarefa no dia seguinte bem cedo.

Selou seu cavalo e foi atrás de Nayb para pegar as recomendações, sua matula já estava pronta.

Era uma viagem longa, só chegaria ao ao destino depois do meio dia do dia seguinte, mesmo que corresse o moço não veria a irmã!

Nayb saiu com uma bandeja e passou no escritório, avisando a sinhá que Zé Lobo estava pronto e em seguida se dirigiu ao aposento do sinhozinho.

Adentrou-se e depositando no criado uma xícara de chá, avistou seu sinhozinho sentado na cama com as mãos entre o rosto!

Ajoelhou-se na frente dele dizendo:

– Sinhozinho Matias, eu não posso avaliar o tamanho da "sua" dor, só medir o tamanho das minhas, mas pelo amor de Deus, não faça isso conosco, estamos perdidos, o senhor é o nosso "sinhô" o dono da casa, sem sua presença estamos perdidos, nossa dor se junta às preocupações e elas se tornam maiores.

As pessoas estão chegando e não sabemos o que fazer? Tome esse chá e "vem" ajudar sinhá Rosário, se não ela não aguenta e "junto", sinhozinho, nós haveremos de carregar essa dor.

Sinhozinho levantou os olhos carregados de tristeza, olhou-a nos fundos dos olhos e perguntou?

– Por que, Nayb, quando eu estou mais feliz me acontece sempre uma desgraça? Por que isso Nayb? Eu não entendo.

O desespero era visível por conta de situações familiares que se passaram desde a infância e sempre ela esteve presente.

– Sinhozinho, nessa vida, eu, já de tempos, venho percebendo certas coisas, desde menina eu fui obrigada a pensar para sobreviver a tantas amarguras.

A desgraça só pode mesmo cair em quem já é feliz, se ela cair em cima de quem é infeliz não traz resultado!

Coragem, sinhozinho, mais uma vez, reparta com seus amigos a dor, eles estão chegando e todos gostavam da menina, "te" querem ver, expressar "suas" condolências, até a dor, sinhozinho, nesse mundo há de se dividir!

Saiu do quarto e o deixou pensar, chegando à sala e dizendo aos presentes que ele já viria.

Rosário selou a carta, abrindo a gaveta retirou algumas moedas e saiu em direção a Zé lobo, perguntou se as provisões já estavam feitas, assim sendo que fosse buscar seu filho.

Sinhozinho saiu dos seus aposentos e foi ter com os amigos.

Rosário vendo essa atitude finalmente sentou ao lado da filha.

Colocou as mãos sobre as dela, fechando os olhos, deixando as lembranças correrem de volta ao passado, desde quando chegara a essa fazenda.

Nayb, na cozinha, instruiu os serviçais e não permitiu o negro Gil dizer à sinhá que o padre não viria.

Sua ira era sem tamanho, como um homem desses se dizia ser representante de Deus? Em um caso desses onde todos estavam infelizes ele não podia confortá-los!

Segundo Gil, o padre dissera que a menina era suicida e a Igreja não permitia. Isso ela nunca iria entender, essa tal de igreja, e era verdade; era melhor a sinhá não saber nada.

A menina era medrosa e a tal carta, minha Nossa Senhora, o que será que estava escrito?

Mandou buscar dona Zulmira, ela tiraria o terço a noite inteira.

E Deus haveria de ouvir, seria um ato de amor e Deus sendo pai não faria falta o padre.

Depois ela ia resolver com o padre nem que ela fosse para o tronco, das mãos dela nem mais um copo de água.

Costume estranho tinham os brancos, essa tal de Igreja, onde já se viu? Saiu resmungando sozinha em direção à cozinha, arrastando o velho chinelo...

Era justamente quem cometia uma tristeza dessas quem mais precisava!

Ela mesma quantas vezes na vida não pensou em fazer isso consigo?

Quem pode julgar nesse mundo?

Só Deus que está no céu.

Capítulo Dois

Rosário entrou no passado, parecia que estava sozinha, os sentidos voltaram ao falecimento de sua mãe em 1.805, o parto não deu certo.

A morte a levou. E a criança, para desgosto redobrado de seu pai, dessa vez, era menino e o sonho dele era ter um garoto. Ficaram as três completamente perdidas, Rosalinda era a mais velha e Maria Cecília nasceu cega a coitadinha. Moravam perto do vilarejo Bom Jesus, um povoado que foi se ajuntando por conta da mineração, suas terras ficavam distante meio dia de viagem.

A população já era grande, os armazéns dos portugueses, e a lojas dos turcos, nas quais havia de tudo para se comprar. A cidade já possuía casas feitas de adobe, mostrando progresso, a paróquia com uma praça na frente, para os dias de festas!

Seu pai era um homem alegre e bom comerciante, nesses dias de festa eles ficavam três dias na casa de tia Cora. Ela as arrumava com fitas nos cabelos, e depois da missa iam ver o teatro dos ventríloquos. Eram dias felizes!

Seu pai não gostava desse negócio de mineração. Adquiriu um pedaço de terra e foi dedicar-se à vida do campo, nessa época a prosperidade estava chegando, criavam: porcos, galinhas, carneiros, e algumas cabeças de gado para o sustento da família e comércio.

A casa estava sendo construída de assoalho alto, na qual embaixo seriam guardadas a carroça e as ferramentas de trabalho.

Seus escravos foram comprados, eram duas negras e quatro homens, mas o coração de seu pai era mole como diziam as más línguas, já de tempos eles eram tratados como se fossem da família.

Plantavam: arroz, feijão, milho, mandioca para farinha e polvilho, e, ainda, um canavial. O engenho abastecia partes das necessidades do vilarejo e as necessidades da família.

Seu pai dizia que a verdadeira fortuna era a terra, que o ouro da mineração trazia muita desgraça e era verdade, muitas mortes ocorriam, por ali, na região. Mas ela se lembrava muito bem de como seu pai se desgostou com a morte de sua mãe

Até hoje, ela não sabe, ao certo, se seu pai vendeu ou libertou seus negros, mas o fato é que ficaram apenas o negro Domingos e Guina.

A casa ficou pela metade, não foram terminados alguns cômodos nem foram cobertas todas as peças, algumas foram deixadas ao relento, isso foi atribuído ao desgosto de seu pai, por sorte delas e tristeza de sua tia Cora, elas não ficaram sozinhas.

Cora era irmã de seu pai, enviuvou uns cinco anos antes do falecimento de sua mãe e veio ajudar o irmão por uns tempos.

Foi a melhor coisa que ela fez, tiveram uma mulher na casa com experiência de vida para ensiná-las.

Era uma mulher culta e inteligente, seus tesouros verdadeiros ninguém os queria: um baú de madeira bem grande cheio de livros.

Rosalinda não se interessava por essas coisas, ela sim. Aprendeu a ler e a escrever, entrando no mundo maravilhoso da cultura, lia e relia seus belos livros.

Tia Cora faleceu cinco anos após estar com elas, o coração da tia era fraco e sempre teve problemas. Mais uma vez a tristeza de seu pai foi infinita, era a única parenta, além delas.

Ficando com ela seu rico tesouro. Em 1819, Rosário fez 15 anos, e já corria boatos que a filha mais velha Rosalinda estava ficando para "titia", um assunto que irritava a irmã e começava a preocupar seu pai.

Já havia aparecido pretendente, mas seu pai recusava, haveria de ser honrado seu futuro genro, podia nem ter bens materiais, mas os da alma, sim. Afinal, segundo ele teria que conviver com o "cristão" todo santo dia para o resto da vida.

Esse comentário de seu pai as fazia rir, muitas vezes, à noite, teciam diálogos jocosos como se fosse um genro canastrão.

Às vezes, depois das refeições, encenavam um pequeno teatro para seu pai, imitando o genro com gestos, e ele então se fazia de desesperado com o tal genro! Motivo de muitas risadas dos negros Domingos e Guina.

Certo dia, passado os feriados de Santos Reis, seu pai pediu a Guina que arrumasse sua bagagem, iria viajar, ficando uns dias fora, para acertar o casamento de Rosalinda.

Era um pretendente que valia a pena. Ficaram esperançosas e apreensivas, se por um lado era bom, pelo outro seriam separadas. Um dia, todos iriam, até sua mãe, que Deus levou!

Depois de dias, seu pai chegou numa felicidade incrível, e a notícia caiu como um peso às costas da menina. O moço casaria, mas por motivos pessoais ele não queria se casar com uma moça chamada Rosalinda, então seria ela Rosário!

Fazia tanto tempo que não via seu pai feliz que não quis contradizer.

Ficou muito triste, não estava nos planos da jovem deixar Maria Cecília, ela precisava de cuidados, chorava, às escondidas, mostrando um contentamento que estava longe de sentir. Segundo seu pai era um moço dono de uma grande fortuna, honrado, e o futuro do rapaz estava garantido, e assim teve ela que contemporizar a mágoa de Rosalinda.

Coisa de ciúmes entre irmãs, Rosalinda, na verdade, estava aliviada, era medrosa, quando seu pai viajou, ela sofreu muito, chegou a rezar para que não desse certo.

Mas como o assunto virou para seu lado, ela emburrou se sentido excluída e já sabia: "os comentários viriam; seria titia"!

Os dois meses seguintes passaram voando, em meios a tantos preparativos e já se viu casada, iria precisar de muita ajuda de Deus para gostar um pouco de seu marido, era bem mais velho, servia para ser seu pai, o sentimento que despertara era apenas de respeito.

Os pensamentos foram interrompidos, sua comadre acabara de chegar, acomodou-a e voltou a sentar-se, alisando os cabelos da filha com carinho, sabendo que seriam os últimos!

Agradecia a Deus intimamente por ter sido sempre cuidadosa com seus filhos, ela não carregava remorsos.

Hoje vendo o passado, concluía que seu pai não estava tão errado, qualquer hora ia acabar casando e do que ela havia lido na historia da humanidade a condição da mulher era de submissão, pelo menos ali como esposa de Matias, vivia no luxo e na fartura, deram aos filhos o melhor que havia em todos os sentidos.

O tempo foi se encarregando de fazê-la conhecer o seu marido, na verdade, não era respeito o seu sentimento, era, sim, desconfiança!

Esse sentimento lhe trazia muitas horas de reflexões. Por que ela não confiava nele?

Ficava sem entender, ele era sério, correto com todos, homem de caráter, então donde vinha essa sensação de que a qualquer momento ele iria fazer alguma coisa ruim?

Ela era feliz, sim, conseguiu estabelecer harmonia em seus sentimentos, aprendeu a conviver com seu companheiro e os afazeres eram tantos que os dias nem se viam passar e o destino agora lhes pregara essa peça.

Teria que escrever ao pai e as irmãs sobre o acontecido, essa surpresa que a vida reservou.

Voltou, mais duas vezes, à casa do pai depois de seu casamento.

A primeira vez, foi no casamento de Rosalinda, casou com um viúvo fazendeiro da região, seu pai fez o seguinte acordo: quando ele faltasse Maria Cecília iria morar com eles, por isso não pondo obstáculo ao fato do noivo já ter dois filhos. E acordo era acordo!

Na segunda visita, foi quando ela descobriu estar grávida novamente e prometendo ao seu pai que se fosse menina teria o nome de sua mãe. Assim nasceu Guaraci, foi por causa da língua enrolada do irmão Henrique que ela foi apelidada de Goia, ficando assim para todos.

Nesse momento, ela sentindo as pernas endurecidas, levantou-se e foi à cozinha.

Nayb a viu inspecionar os trabalhos de Sofia, não parava de chegar gente, as negras faziam broas de milho, bolo de mandioca e chaleiras de chás.

A negra velha ao ver a sinhazinha sair da cozinha, sentou em seu banquinho perto do rabo do fogão, com os olhos vermelhos de chorar, se pôs a pensar:

Veja como é o destino, quando ela chegou era uma menina tão especial, se havia alguém no mundo, que não merecia uma coisa dessa era Rosário!

Muita coisa aconteceu nesses últimos anos. Quando ali chegou comprada pela sinhá Vitória, não sabia a língua dessa gente, trabalhava ao dia e chorava a saudade dos seus ao entardecer, com o tempo e muita disciplina, tornou-se a negrinha de confiança de sinhá, mulher ruim, tratava os escravos com requinte de maldades, sempre foi rica e mimada.

Nayb contava com 23 anos, quando Venâncio foi contratado para o trabalho de feitor. Substituindo João Largado, outro peste ruim.

O senhor Alencar transformou a casa grande em um verdadeiro palácio!

Foi construída novamente, de assoalho alto com escadarias de barro e pedras, tudo pintado de branco, com janelas grandes que mais pareciam portas, essas foram pintadas de azul.

A varanda ladeava toda a frente da casa, onde sinhá com seus vasos de flores a enfeitara, cadeiras bem feitas de balanço e redes para descanso.

Na verdade, ela, até hoje, tenta entender tanto cansaço na sinhazinha Vitória, ela não fazia nada! Só reclamação, coitado do sinhozinho Alencar deve de estar no céu! Ainda bem que sinhazinha Rosário nem conheceu a sogra.

Sinhá Vitória viajou para o outro lado do mundo enquanto fazia a construção, ficando quase meio ano fora, quando voltou havia mais de seis carroças para trazer tudo que comprara.

Prataria, porcelanas, vasos, tecidos, cada coisa mais linda que a outra, as janelas ganharam cortinas brancas de renda e o luxo se instalou nos cômodos da casa.

Veio um piano, que ela tocava um som bonito, essa era a única hora que sinhá Vitória suavizava o rosto duro.

Parecia que, nessa hora, o coração da sinhá era igual ao de todo mundo.

No ano seguinte, engravidou do sinhozinho Matias. Nasceu o herdeiro daquela fortuna.

No mesmo ano do nascimento do menino o negro Miguel a pediu em casamento, ela recusou.

Havia jurado para consigo mesma que jamais poria filhos no mundo para serem vendidos pelos sinhozinhos sem saber do paradeiro deles.

Ela já havia visto choro demais das negras da senzala, ao verem seus filhos em tenra idade sendo-lhes arrancado da companhia.

Miguel ficou por anos sem falar com ela, só voltou a conversar depois que casou com Lana, uma negrinha espevitada, que foi comprada depois.

A casa era sua responsabilidade e com a ajuda de Sofia os cuidados com o menino.

Sinhá Vitória começou a se interessar pelo filho, quando ele chegou a ter idade para aprender e estudar.

Os anos se passaram com ela ali, fazendo o papel de mãe do menino.

Ao completar 14 anos, Matias foi para o Rio de Janeiro estudar, e no ano seguinte o sinhozinho Alencar faleceu vitima de uma picada de cobra.

Uma peçonhenta! Bem que podia ter morte melhor, duas cobras na vida era sorte ruim demais.

Naqueles dias, depois da morte de sinhozinho os negros deram muito trabalho ao "capitão do mato," Zé Lobo, alguns fugiram e eram ajudados pelos coiteiros, essa gente auxiliava na fuga e os escondiam, está certo que alguns eram recapturados, mas o pânico se instalou na fazenda.

Os negros ficaram apreensivos, tendo sinhá Vitoria como dona de tudo e junto com Venâncio, que batia sem dó, sabiam que estavam em maus lençóis.

Ela ficou tranquila, sabia que a sinhazinha não ficaria na fazenda, seus comentários eram de desgostos, ela gostava mesmo era da corte!

Nos anos que seguiram, sinhá Vitória foi, cada vez mais, afastando-se para a casa da cidade e perto do filho, ela quase não visitava mais a fazenda Santa Luzia.

Matias, nas férias, vinha ver como todos estavam e os negócios. Tornou-se um moço feio!

Ombros largos, pernas arqueadas, cabelos claros e ralos, um bigode que cobria os lábios, mas o que a deixava triste era perceber o gênio ruim da mãe presente em algumas das atitudes do moço.

O sinhozinho Alencar era tinhoso, porque precisava por ordem, mas era justo.

Sinhá Vitória não, era maldade mesmo. Só quando sorria, Matias adquiria uma expressão que lembrava seu menino, que ela criou com tanto carinho, seu filho branco, motivo de brincadeira das negras da senzala.

Quando terminou os tais estudos, ele foi para um lugar chamado Europa, dizendo que precisava conhecer o mundo.

Ela achou que fosse coisa rápida como fazia sinhá, mas não, ele foi e esqueceu-se de voltar.

Tudo não foi por águas abaixo por causa de Zé Lobo, esse homem podia ser o que for, mas era de confiança, cuidou de tudo e ela da casa, assim ficaram os dois esperando o patrãozinho criar juízo.

Ela achava um absurdo uma terra daquela nas mãos deles e dono correndo mundo. Mas fazer o quê? Esperar.

Nessa espera, sinhá Vitória adoeceu, contraiu a doença dos pulmões, uma doença contagiosa, por mais que fizeram ela veio a falecer; na verdade, já fazia tempo que ela estava doente.

Certo dia, vieram buscá-la na fazenda, sinhá se recusava a ser cuidada por outra negra, por conta disso ela ficou na cidade por oito meses.

Quando saía à rua, para fazer compras, ela via os outros escravos, todos com o corpo marcado de chibata e o semblante deles era de uma tristeza sem fim.

Percebeu que as maldades dos feitores nas fazendas, eram só um pedaço de uma maldade maior.

Como se eles, os negros, não fossem capazes de trabalhar sem apanhar!

O que eles não eram capazes era de entender o porquê foram arrancados de sua terra e de sua família.

Se fossem tratados como gente, talvez não dessem tanto trabalho. Mas o que está feito? Feito está.

Ódio não se arranca da noite para o dia. Como esperar dos negros boa vontade?

Até ela que já de muito resolveu fazer as pazes com o destino, havia hora em que se injuriava e o velho sentimento de revolta chegava com força! Imaginava que não estava disposta a entender nada e enxergava apenas as dores que carregava.

Às vezes, eles eram usados em desculpas, para maldade de seus senhores, como foi a vez de uma negrinha da fazenda.

Ela vivia às correrias, pelos cafezais, com sinhozinho Alencar, sinhá Vitória fazia de conta que não sabia, e enquanto os negros mais velhos aconselhavam-na, dizendo que essa historia não acabaria bem, ela ria, dizendo que o sinhozinho gostava dela e a protegeria!

Um dia, por conta de uma xícara trazida da tal China, que foi quebrada na hora de lavar, sinhá Vitoria a mandou para o tronco!

Venâncio que a tempos a queria para ele, e diante das negativas dela a espancou com vontade, proibindo todos de tirá-la do tronco, isso só se daria na manhã seguinte, mas choveu muito aquela noite.

Ela contraiu uma gripe, juntando as feridas, veio a falecer uma semana depois.

Foi muita tristeza para eles, ela era uma menina sem juízo.

O sinhozinho que deveria saber o seu lugar.

Sinhá Vitória ficou "foi" feliz com a morte da negrinha, ela sorria sozinha pela casa, tecia comentários maldosos aproveitando a situação para escorraçá-los mais ainda.

Sinhá Vitória morreu nos braços de Nayb e ela ficou por muitos anos com remorso, penalizada pela doença, pelo sofrimento da sinhá. Ela ficou, sim.

Mas aliviada com a morte da sinhá, como se um peso tivesse saído dos ombros da escrava, a vida não foi tratada com carinho por parte dela, poderia ter sido bem melhor.

O menino Matias foi avisado, mas... Estava do outro lado do mundo.

Os anos passaram, sua fortuna dobrou, escravos morreram, outros foram comprados, e nada de sinhozinho voltar e assumir a direção dos negócios.

Um dia, avistaram, dando entrada na porteira da fazenda, uma carruagem bonita bem nova, de longe reluzia.

Chegou o sinhozinho, bem doente, ninguém sabia que doença era, mas ela desconfiava que fosse a mesma doença da mãe!

Manteve esse segredo e cuidou dele com afinco, um sentimento muito próximo do maternal, afinal ela o criara, foi mais de ano de tratamento: mel, agrião, chás, muita fruta, verduras e com a graça de Deus, ele sarou.

Assenhoreando os negócios, seguiu cuidando do que lhe pertencia.

Construiu um monjolo novo, alargou o rego d'água que vinha da mina. A bica passava dentro da cozinha, seguindo para senzala e terminava no cercado dos porcos, a vida ficou bem mais fácil.

Coisa bem boa que ele fez!

E não ficou só nisso, reformou os estragos da sede da fazenda e pintou novamente.

Expandiu a plantação de café e cana.

Até os escravos estavam trabalhando animados, parecia que a vida tinha voltado naquele lugar.

Nayb levantou, pegou uma xícara de chá, ajeitou o fogo, sentou novamente em seu banco, puxando seu cachecol aos ombros e voltou às suas lembranças.

Sinhozinho Matias, um dia, mandou arrumar suas coisas, ia fazer uma viagem e voltaria casado.

Para ela foi uma notícia boa, haveria de ter filhos se não para quem ficaria toda aquela fortuna?

Segundo o que ela ouviu, na casa, os parentes de sinhozinho Alencar nem sabiam do paradeiro dele.

Quando moço, na sua terra em Portugal, por conta de uma briga assassinou uma pessoa e na calada da noite tomou uma embarcação, aportando no Brasil.

Com certa fortuna, nunca mais voltou, chegou aqui, não sendo um joão ninguém, era inteligente, trabalhador, com o casamento sua fortuna aumentou, resultando nessa bela propriedade.

Sinhozinho Matias partiu na sua carruagem bonita levando um colar de pérolas e brincos para sua futura esposa.

Ficaram todos, na fazenda, muito apreensivos quem seria sua nova sinhá?

Ela na verdade rezou sim, e muito, se tinha uma coisa que eles não precisavam, era de uma nova sinhazinha "marvada"

No dia da sua chegada, a casa estava arrumada, quando os avistaram, vieram todos os escravos para o gramado da casa, receber a nova sinhazinha!

Sinhozinho Matias desceu dando a mão para uma menina de cabelos pretos, olhos castanhos claros, mais perecia um guaxinim assustado, a capa azul a deixava linda com o vestido verde de rendinhas.

Era uma princesa!

Nayb se adiantou, tomando-lhe a bolsa e a conduziu escadaria acima para sua nova casa. Venâncio já chamou a atenção do sinhozinho.

Na sua ausência problemas aconteceram, enquanto isso as malas foram sendo levadas para o novo aposento do casal, com muito custo, ela conseguira convencer o sinhozinho, a não usar o quarto que fora usado pelos pais dele, no qual eles não foram felizes.

Naquele aposento, ela sentia uma energia ruim.

Nayb que era acostumada com os exageros e luxo de sinhá Vitória, percebeu logo que sua nova senhora era moça de poucas posses pela quantidade de malas.

Mal entrou no quarto, a menina começou a chorar, ela se condoeu da coitadinha, era bem criança. Ela a aninhou nos braços e soluçou, olha o que o destino estava fazendo consigo?

Estava ali uma moça dócil, sem experiência de vida, ela iria ensinar para a sinhá, como ser dona de uma casa como aquela, faria como se fosse sua filha e assim foi feito ao longo dos anos.

Sinhá Rosário com o jeito meigo e determinação aprendeu a conduzir tudo aquilo, o carinho com os escravos foi oportuno para eles trabalharem com mais calma, sem se sentirem agredidos; era cuidadosa, sim, mas sem apego às coisas materiais.

O tronco foi sendo usado escassamente a cada dia.

Ela realmente preocupava-se com os moradores daquela casa, com a saúde de todos, na frente do Venâncio, de Zé Lobo e de seu marido ela era ríspida, seca, dava ordens, mas estando a sós com eles, era alegre, destemida, dava gosto de se ver.

Quando sinhozinho viajava a noite, ela levava à senzala gamelas de: laranjas, mangas, queijo, doces, coisas que se perdiam, na fazenda, de tamanha fartura.

Tudo era proibido por Venâncio, ele cuidava com mãos de ferro, dizendo que qualquer regalia dada aos negros, era caminho para desobediência.

Os escravos, na verdade, começaram a cuidar da sinhazinha, trabalhavam direito e assim não lhe trariam tanto desgosto.

Quando um negro dava trabalho, ela com seu jeito especial chegava ao marido e puxava pelo orgulho dele.

Dizendo que um negro fujão, relaxado, era dinheiro jogado fora, e perda de tempo, ao passo que um negro rebelde vendido, para ela representava silêncio no tronco!

É sim... Uma boa mulher sua sinhazinha!

O fogo no borralho aquecia a cozinha, as negras caladas desempenhavam o serviço, o cheiro de chá de canela e cravo da índia aromatizavam o ambiente, na sala, as orações eram seguidas, em coro, pelas mulheres e os homens lá fora falando sobre tudo.

E o coração da velha escrava prenunciava que dias escuros e tristes viriam quando todos se fossem...

Sinhá Rosário, já tarde da noite, depois de conversar com algumas pessoas que chegaram das fazendas mais distantes, trocou umas velas e pedindo licença se dirigiu ao seu quarto.

Não iria sepultar sua filha sem ler a cartinha dela!

"Querida Mamãe!

A senhora é a melhor mãe do mundo, peço perdão pela minha fraqueza.

Não sou forte para enfrentar o papai, eu queria viajar com Henrique, conhecer a Europa depois que ele terminasse os estudos.

Mas papai já marcou meu casamento, isso eu não vou deixar acontecer comigo. Perdoe-me, amo a senhora e papai também.

Adeus!

Sua filha, Goia."

As lagrimas escorriam e a carta na mão, meu Deus do céu, que casamento era esse?

Então era esse o motivo?

Mas ela desconhecia esse assunto, levantou, abriu sua caixa de pertences, foi no fundo falso e a guardou, era melhor Henrique não saber dessa carta.

Deu volta na outra sala e viu os amigos de seu marido com ele, aproveitando que ninguém a havia visto saiu pela varanda atrás de Nayb.

Com uma dor imensa no peito, coitado de Matias, ele só queria o bem para sua amada filha! Como o casamento deles, no final das contas, deu certo, ele só estava fazendo seu dever de pai, caso esse assunto fosse verdade!

Dirigiu-se à cozinha, mais broas sendo assadas, sua filha gostava dessa iguaria, o cheiro a fazia vir de longe, iria pedir para não fazer mais esse bolo em sua casa.

Queria falar, mas a voz não saia, fez sinal para Nayb vir se encontrar com ela e sentou-se embaixo da parreira de uvas carregada de frutos, a dama da noite enchia o ar de perfume.

Confidenciou à negra o teor da carta, ela também não sabia dessa história. De uma coisa ela sabia, sim, era melhor esconder e sinhozinho Henrique não saber.

Conversaram e depois veriam o que fazer com tal informação.

Rosário sentou novamente ao lado da filha... As pessoas falavam com ela, porém ela parecia perdida em meio as recordações, Henrique nasceu primeiro um ano e oito meses.

Quando Goia estava com quase dois anos ela começou a perceber um fato interessante, eles não brigavam.

Era uma cumplicidade entre os dois linda de se ver, eram companheiros em tudo, nas brincadeiras e nas estripulias que faziam.

Com o tempo, foram crescendo e ela começou a ver que nas artes de criança, algumas delas eram para irritar o pai, por várias vezes ficaram de castigo e trocavam entre si conselhos amorosos.

As artes começaram a sair do contexto normal, e um dia ele caiu do cavalo se machucando muito, na verdade, foram eles que cortaram a barrigueira do arreio.

Por pouco, um dos escravos apanharia muito por conta dessa traquinagem.

Encontrou os dois rindo às escondidas e os fez confessar, ficaram semanas de castigo.

Matias não levou em consideração esse fato, resolveu levar na brincadeira, mas ela não!

Na hora das refeições, eles ficavam olhando o pai com olhares escarnecedores e rindo, cochichando baixinho, não pareciam crianças nessas horas.

Um dia, Goia estava sentadinha no banco e Matias para brincar com ela, veio por trás, a levantou no ar dando-lhe um beijo no rosto, como já fizera inúmeras vezes e ela lascou-lhe uma tapa bem dado no rosto.

Matias não teve dúvidas, deu-lhe umas palmadas, ela também teria dado. Onde já se viu tamanha falta de respeito?

Henrique ficou muito bravo com ela, culpando-a por deixar o pai educá-la, olhando duro para ela e dizendo:

Ele é ruim há muito tempo, dizia, fazendo gestos com as mãos! Como se ele fosse bem velho e já conhecesse o pai de anos.

Ela não teve dúvidas, colocou os dois de castigo.

Depois foi ter com eles, com jeito foi falando de Jesus Cristo, do seu amor por nós, sobre os pais, sobre o perdão, que mesmo que não gostássemos muito dos nossos pais deveríamos respeitá-los.

No outro dia, ao entardecer, Goia estava sentadinha com um vestidinho xadrezinho de azul na escada da casa, esperando o pai.

Ao chegar Matias, ela deu os bracinhos pedindo desculpas, ele a abraçou, enganchando-a à cintura.

Da janela da cozinha, ela e Nayb os olhavam rindo, achando bonitinho o gesto dela e viram também Henrique do outro lado da varanda, olhando indignado o acontecido.

Ela fez menção de sair para falar com ele, mas Nayb disse;
– "Deixa", sinhá, vou falar com esse menino.

Rosário os olhava de longe, a negra sentada em um banco e Henrique no outro de frente a ela com uma calça branca e sem camisa, balançava as pernas e vez ou outra a olhava.

De outras vezes, abaixava a cabeça e a velha negra passava-lhe a mão no cabelo; de repente, ele levantou e deu um beijo nela, saindo correndo, encontrar o negro Bentivi.

Nayb disse-lhe voltando;
– Não se preocupe, sinhá, isso é coisa de criança, lá em casa quando meu pai agradava um os outros emburravam.

Mas... Se a sinhá permitir, hoje é dia de trabalho aos nossos Orixás, podemos pedir ajuda e proteção.

Ela não acreditava, mas sendo reza, devia ser bom.

Deitada, em seu quarto naquela noite, Rosário ouvia o rufar dos tambores, ela sabia que para os negros era um momento de liberdade.

Um espaço deles, no qual ninguém interferia, pelo menos isso, ali na fazenda, era concedido a eles. Segundo Nayb eles chamavam seus ancestrais, seus espíritos guias, pedindo proteção e força para aguentar as tristezas da vida!

E devia de ser verdade, pois que se fossem eles, com certeza, não aguentariam viver como os negros, sem dignidade, longe de sua gente, sendo vendidos como animais, sem respeito algum.

A negra Zanaba era uma mulher de mais de 70 anos, já havia passado por quatro donos, era sempre vendida por rebeldia.

Agora, por último, estava ali já cansada de tanta luta, o trabalho de fiar e tecer lhe competia e também a pedido de sinhá ensinava o ofício para as negrinhas mais novas.

Os trabalhos realizados com os espíritos eram com ela, entendia, e sabia o que fazer, segundo Nayb, na sua terra, sua mãe e avó já faziam esse tipo de contato, herdara essa qualidade.

Nayb, naquela noite, pediu à entidade que chegou, para abençoá-los e proteção para os meninos do sinhozinho.

A entidade, ouvindo-lhe os pedidos se calou por uns segundos.

Depois lhe disse:

"Que deviam rezar muito, pois ali naquela casa moravam grandes inimigos de outras épocas, era "coisa feita" no passado, que ela não podia desmanchar, só Deus o Criador de tudo tinha esse poder. O que ela podia fazer era ajudar, que no próximo trabalho, trouxesse uma peça de roupa dos meninos, trabalhos e oferendas seriam feitos, mas o destino de cada um, muitas vezes, ele se cumpre, querendo a gente ou não."

O que estava escrito, pelo destino, em outras vidas, muita pouca coisa se podia fazer!

Se assim não fosse? Eles os negros... Não estariam em terras distantes sendo agora escravos, pois, que também uma vez já foram senhores! "

Nayb ouviu essas palavras com o peito apertado e achou melhor se calar com essa informação, mesmo porque sinhazinha teria preocupação e para Deus nada é impossível.

Com esse segredo guardado, no outro dia dissera à sua sinhazinha que deviam orar e agradecer ao bom Deus as coisas boas da vida. Mas ela ficou vigilante!

A madrugada esfriou um pouco, as mulheres começaram outro terço, os negros foram para a senzala homenagear a menina à sua maneira; em volta da fogueira, o rufar dos tambores encheu o ar, cantos de lamentos, tantas vezes ouvidos por mortes entre eles, hoje soavam para a filha do sinhozinho!

Rosário os ouviu e com lagrimas na face em pensamento agradecia! Sua vida lhe passava diante dos olhos...

Depois de tantas conversas, com os filhos, orações e ajuda de Nayb a casa se acalmou um pouco.

Outros problemas apareceram, seu marido adoeceu, o preço do café teve quedas, o serviço dobrou muitas vezes, quando Matias chegava ao fim do trabalho, as crianças já estavam dormindo e, na hora do almoço, elas faziam refeições junto ao preceptor contratado para uma educação mais apurada, logo Henrique iria, para o Rio de Janeiro, estudar.

Os relacionamentos entre pai e filhos se acalmaram. Mas a cumplicidade entre os filhos, não.

Rosário sentia alguma coisa no ar, um enigma que não conseguia desvendar. Essa sensação há muito a incomodava.

O negro Benedito era já velho e cansado, seu trabalho era pescar uma vez por semana os peixes, uma alimentação tão necessária que ficava sob seus cuidados.

Esse trabalho era feito com a ajuda dos seus filhos, eles subiam na carroça e passavam o dia inteiro, pescando com o negro velho, para eles era a maior alegria.

Foi assim que Henrique aprendeu a nadar e Goia a ter medo da água. No fim do dia, havia: piabas, curimbatás, peixes de couro em abundância, que eram secados e preparados.

Sinhá Rosário via tudo isso como uma visão tão clara que parecia que ela estava vendo acontecer agora ,nesse momento, se pudesse entrava dentro dessa visão e jamais sairia dela.

Enquanto isso, no galpão, Venâncio acabara de fazer o caixão, estava na varanda do fundo, havia pintado de cal branco e era bom aproveitar "agora de madrugada" para removê-la, de dia, teria mais gente.

Venâncio fez com carinho e zelo um trabalho de mestre, queria sua sinhazinha sepultada com um pouco do carinho dele.

A tampa fechava certinha, chamou Nayb e eles pediram licença e a removeu. Ao clarear do dia as flores seriam trocadas.

A visão do caixão foi demais para os sinhozinhos, eles se retiraram, ficando o serviço a cargo de: Venâncio, Nayb e Sofia.

Rosário sentou, em sua cama, com o marido deitado e a cabeça dele em seu colo, ela passando as mãos nos cabelos dele, voltaram-lhe as elucubrações, situações que um ser humano, às vezes não consegue desvendar.

Quando Henrique nasceu, logo em seguida, junto com uns negros comprados veio um moleque, de uns 8 anos, um mestiço ,segundo diziam, era de ninguém.

Seu nome era Bentivi, esse menino era bem mandado, alegre e mal Henrique começou a andar já virou seu amigo.

Matias o designou para ser ele que cuidasse do filho, aonde Henrique ia, ele estaria lá para protegê-lo e brincar.

Cassavam codornas, preás, faziam arapucas, andavam a cavalo, tomavam banho de cachoeira, e os outros negros invejavam Bentivi.

Certo dia, segundo Nayb, um velho deu uma lição nos outros negrinhos da senzala, no sentido de que eles não invejassem o moleque Bentivi, pois que eles foram comprados, eram, portanto um patrimônio do sinhozinho.

E ninguém joga dinheiro fora.

O mestiço Bentivi não fora comprado, a vida dele não valia nada.

Se acontecesse alguma coisa com o filho do sinhozinho nem para o tronco não iria. Era morte certa!

E quanto a isso ele estava certíssimo!

Matias não perdoaria, as recomendações foram explícitas.

Ás vezes, ela olhava para Bentivi e tinha um pressentimento de que esse menino ainda ia aprontar alguma.

O sorriso fácil, mas... Um olhar rebelde, parecia um potro selvagem.

E aprontou mesmo!

E foi exatamente aí que tudo mudou.

Ha quatros anos passado, quando o sol estava se pondo, ouviram gritos desesperadores, o fogo estava queimando o canavial.

Pelo que se via da varanda da casa, eram vários focos e como o vento soprava de lado, se não socorressem logo atingiria a casa, a senzala e passaria para os pastos.

Foi tão sério que os vizinhos dispuseram seus negros em ajudar, passaram dois dias fazendo valas e apagando o miserável fogo.

Em meio a essa confusão, Zé Lobo percebeu que, na verdade, eram atitudes de cinco negros, que para despistá-lo da fuga deles atearam o fogo.

E assim enquanto eles apagavam o fogo os fujões ganhavam terreno.

Entre eles o mocinho Bentivi e esse nem precisava fugir, era pedir para ir embora e assunto findo, mas ele gostava de aventura.

Por meses, havia um comentário sobre uns levantes em fazendas da região, os negros estavam sendo ajudados em suas fugas, na verdade, por todo país e Rosário, no fundo, pedia a Deus que isso acontecesse com essa gente.

Noutros países essa vergonha já estava sendo sanada. Mas não precisava destruir as plantações pondo em risco a região.

O ódio e a humilhação fazem dessas coisas, com quem sofre demais; e depois ficaram sabendo que em toda região fugiram vários negros e, na verdade, foi uma atitude bem estudada.

Zé Lobo, depois dos atropelos acalmados saiu à captura dos escravos fujões e não voltaria se não os encontrasse.

A partir desse dia, Rosário começou a acender velas à Nossa Senhora para que eles não fossem encontrados, seus filhos não conheciam a ira do pai numa hora dessas.

Além do que, ali na fazenda já de tempos os ânimos estavam calmos, eram, sim, escravos, mas de a muito não eram maltratados como nas outras fazendas.

No inicio de seu casamento, teve o desprazer de presenciar Matias surrando um negro, no fim do dia, passou tão mal que vomitou a noite toda, teve febre e por dias ficou sob os cuidado da velha negra.

Esse mundo é grande, que eles fossem para bem longe, não fariam falta, a plantação cresceria novamente e eles eram previdentes, havia bens guardados.

Mesmo que ficassem anos sem trabalho, ninguém morreria de fome.

Com a prisão deles, quem mais sofreria seriam seus filhos, Henrique já estava com olheiras, de expectativas, por conta de Bentivi.

Os negros, em silêncio, já sabiam que nada ia ser bom para ninguém.

Mas quando há de acontecer, nada muda, dezoito dias passados eles foram encontrados e retornaram à fazenda amarrados como bichos!

Chegaram perto da hora do almoço, ela juntou os filhos e os levou para seu quarto e dali não mais saiu.

Seu marido mandou reunir os negros como era o costume, quando um era castigado os outros eram obrigados a presenciar.

Rosário impediu Nayb e Sofia dessa vez, dizendo que precisava delas na ajuda com as crianças.

Os meninos em seu quarto ficaram inquietos e agoniados, ela não conseguia acalmá-los.

Os gritos de dor começaram a ser ouvidos, eram inteligentes, sabiam o que se passava lá fora.

Os dois primeiros negros apanharam tanto que dificilmente prestariam para alguma coisa.

Ela ficou tão desesperada que parecia que ia sair do próprio corpo. E Goia começou a chorar, queria sua boneca e esta estava no quarto deles.

Henrique com os olhos vermelhos andava de um lado ao outro, essa menina a incomodou tanto que ela inadvertidamente saiu e foi buscar a tal boneca.

No corredor, havia um oratório, ela parou, acendeu uma vela, implorando misericórdia para todas aquelas agonias.

Ao voltar ao quarto, para surpresa dela os meninos haviam pulado a janela e já estavam correndo para o pelourinho. Da casa alta, eles desceram, pela ramagem da trepadeira, que florescia o ano inteiro.

Chamou Nayb e foi buscá-los, mas ao chegarem ao terraço a cena que viram foi estarrecedora.

Bentivi estava no tronco já com as costas em sangue vivo, seu marido fez questão de esse ser castigado por ele mesmo.

Foi muita confiança para tanta traição!

Essa eram as falas de Matias, ao levantar o braço novamente com o chicote em riste mais uma vez, nesse momento Henrique parou à frente de Bentivi, recebendo por ele a chicotada.

Matias entre espanto e vendo a afronta do filho diante de todos o mandou ir embora dali, o garoto sem soltar um gemido encarou o pai.

Rosário viu o chicote descer e as pernas do filho tingir de vermelho, seu marido sentindo-se humilhado, ameaçou-o novamente e para espanto de todos a menina foi ate o irmão, deu a mão a ele e os dois ficaram encarando o senhorzinho da fazenda.

Os olhos de Goia eram de profunda tristeza, parecia que toda dor do mundo caíra sobre aquela criança, uma mágoa expressada, Rosário sentiu as mãos geladas e o estômago recebeu o impacto.

Deus do céu, de onde vinha isso?

Sinhá Rosário, perdeu os sentidos, caindo na grama, deixando Nayb desesperada. Os negros todos viraram as costas, em sinal de respeito, não estavam ali para verem as crianças do sinhozinho, sendo surradas como eles.

Matias largou o chicote e saiu em direção oposta, nem viu sua mulher desmaiada, sumiu no mato aparecendo no outro dia.

Voltando a si, Rosário saiu atrás das crianças e Venâncio terminou o castigo um por um.

Sofia fez chá para acalmá-los, as crianças seguravam as mãos dela.

Goia chorava baixinho, Henrique a olhava em expectativa como se ela tivesse a resposta, mas ela não tinha.

A impotência invadiu-lhe a alma.

E a tristeza instalou-se na sua casa de vez.

Na semana seguinte, os negros foram levados, sabe lá Deus para onde.

Bentivi foi ameaçado de morte caso aparecesse na região, essa parte, até hoje, permanece na duvida!

E seu filho foi embora um ano antes do previsto para o Rio de Janeiro.

A casa da família, na cidade, era confortável e os empregados já antigos e responsáveis, os escravos esses eram trocados caso precisasse e Henrique foi privado da família um ano antes e saiu em condições amargas.

Goia entrou em estado de melancolia, levando meses para se recuperar e nunca mais sorriu com alegria nos olhos quando se dirigia ao pai.

Nas férias, era ela que viajava com sua menina, ficando com o filho, aproveitava para tomar providências, do que necessitava fazer na casa, passeavam, iam à praia e viviam dias de intensa alegria.

Matias não dava sinal de saudade do filho, não caminhava na direção da reconciliação e seu filho não fazia a menor questão!

Ele crescia rápido, tornando-se um moço bonito e seu marido, com a sombra da tristeza nos olhos; assim o tempo foi passando...

Todos os esforços que ela havia feito e fazia no sentido de viver bem, pareciam ter sido em vão!

O dia amanhecendo, ela deixou o marido descansar um pouco, foi a sala, mais pessoas haviam chegado bem de longe, todos vieram prestar homenagem.

A tristeza daquele dia era muita para Nayb. Ela se perguntava se um dia ela poderia experimentar a tal felicidade!

Mais terço foi rezado, as flores foram trocadas, café servido, como passava rápida a manhã, dali a pouco dariam adeus à princesinha da casa!

Era melhor nem contar mesmo para a sinhá o que a entidade tempos atrás havia dito. Há certas verdades, que é melhor não serem expostas, nada traria mesmo a menina de volta.

Apenas esse pensamento ocupou-lhe a cabeça a noite inteira.

Restava-lhes pedir a Deus misericórdia por todos os que ficaram, estes sim, teriam dias duros pela frente.

Os escravos hoje tiveram um trabalho diferente, pegaram seus jacás e saíram ao campo.

Encheram o caminho de flores até o portão do campo santo!

E o sol nasceu tão lindo, os pássaros fazendo revoadas e cânticos, nada na natureza havia mudado.

Nayb não acompanhou o cortejo.

Da varanda, ela encostada ao pilar, olhava-os enquanto o coração desmanchava dentro do peito.

Capítulo Três

Zé Lobo cavalgou a noite inteira, pela madrugada, chegando a um riacho, parou para descansar o animal um pouco, mesmo que viajasse sem parar, o irmão não veria o funeral.

Dirigiu-se ao rio, tomou água e sentou em uma árvore tombada.

As lembranças lhe correram como as águas daquele rio nas pedras!

O que será que havia acontecido para uma mocinha bem criada, rica e amada, tomar uma atitude daquela?

Sendo tão cruel consigo mesmo!

A morte sempre vem, não precisa ninguém ir ao seu encontro.

Ele mesmo já matou tanta gente, mas tem amor à sua vida.

Nasceu perto da antiga Capitania de Pernambuco, seu pai era Espanhol, fazia expedição pelo interior levando cargas de sal.

Sua mãe... Ele mal conheceu, era uma índia, foi criado e mal por uma velha, seu pai dava a ela algumas moedas.

Era um moleque franzino, de aspecto doente, mesmo já com 15 anos quase ninguém lhe oferecia trabalho e a aparência não mudou.

Sendo hoje um homem magro, de pele curtida, os cabelos pretos escorridos sem corte, rosto quadrado, com olhos esverdeados quase brancos e por conta disso alguns pelas costas o intitula "olho de cobra".

E mais tarde, "capitão do mato" para os negros, e para os outros Zé Lobo; seu nome mesmo, José Herrera, até ele esquecia e quase ninguém sabia disso.

Seu primeiro trabalho foi em uma expedição que levaria uma carga de sal para o Sul, uma rota nova, entrariam interior a dentro pelas terras das Minas Gerais. Contava nessa época 23 anos.

Uma rota de risco, quase desconhecida, além de, uma chance muito grande de confronto com índios.

Mas para aqueles lados, já havia pessoas que pagavam a peso de ouro essa mercadoria. Foi contratado apenas para tomar conta da tropa.

Houve, sim, grandes lutas, de trinta e seis homens que partiram, chegaram ao destino apenas oito, ele estava entre esses.

Matou então o primeiro homem, de uma série de muitos ao longo da vida.

Nessa viagem, percebeu que ao matar não sentia nada, não remoía a consciência como alguns, que ele já vira.

Depois dessa viagem, fez mais duas, e na terceira foi já sob o comando dele e seu nome correu fama.

Senhor Alencar, quando o contratou, já sabia quem ele era.

Foi uma empatia mútua, o senhor Alencar era correto, ambicioso, precisava de um homem como ele em suas terras, pagaria bem e o objetivo era manter longe quem porventura se achegasse às suas adjacências.

E ele ao longo dos anos, não fez outra coisa a não ser atendê-lo.

Aconteceu o inesperado, ele foi gostando do lugar e da sensação de estabilidade. Entre ele e o patrão nasceu o respeito, amizade e acima de tudo fidelidade.

Naquela região, fez morada, quem o senhor Alencar permitiu.

As terras para o vilarejo de Nossa Senhora de Fátima, foram tiradas de um pedaço das terras da fazenda.

A Capela do arraial Alencar mandou fazer, para a chegada do padre, que vinha cuidar das coisas de Deus.

Com pouco tempo, ele já traçou o perfil do padre Aires Morell, homem ruim, seus escravos e os índios eram maltratados.

Por ser homem de Deus, deveria ser mais humano e não era.

Ele quando matava alguém ou cometia alguma ruindade era em seu nome mesmo.

Não escondia atrás do nome de Deus como fazia esse padre.

Foi ate o arreio, pegou seu embornal, comeu um pouco de farinha e carne que Nayb havia preparado.

Se há uma coisa que ele não gostava de fazer, era pensar em coisa que já passou, mas a morte dessa menina estava mexendo com os miolos dele.

De certo, ele estava mesmo velho, era isso!

Quando o senhor Alencar casou-se com dona Vitória ele viu o tamanho da besteira.

Mulher ruim, ela podia ser rica, mas...

Não lhe foi pedida opinião e, alem do mais, esse assunto não lhe dizia respeito.

O fato é que com o passar dos anos, ela começou a se insinuar para cima dele.

Vida ociosa, cabeça vazia é morada do demônio.

Ele sempre viu belas mulheres, algumas até interessantes poderiam ter sido uma de suas esposas, mas na vida dele não cabia família. Já era muito carregá-lo e sempre havia alguém querendo lhe testar as habilidades.

Mulher quer segurança e isso ele não tinha, a vida de Zé Lobo tomou um rumo de solidão muito cedo.

Hoje ele achava que fez certo, seria um defunto sem choro e caso encerrado.

As negativas da parte dele e as investidas de dona Vitória já estavam passando da medida, era hora de botar um paradeiro nessa estória.

Ele era fiel ao seu patrão e não ia ser uma mulher ardilosa que ia por fim nessa confiança e no seu nome. A amizade com Alencar nasceu bem antes da chegada dela.

Essa mulher já havia lhe armado duas arapucas que se um dos negros tivesse visto, estava feita a desgraça. O título da desonra não servia na cabeça dele.

Certo dia, estava ela perto do riacho nos tais piqueniques, Nayb brincando com Matias, ele chegou e disse a ela:

– Sabe dona Vitória, o senhor Alencar é um homem ainda novo, se ficar viúvo casa novamente, e uma mulher é peça frágil, uma queda de cavalo, um escorregão em algum buraco, quebra fácil o pescoço.

– E se isso acontecer é bom, assim Alencar casa novamente com uma mulher honesta e melhor.

Ele sorriu mastigando a carne, lembrando do rosto vermelho dela, a partir daquele dia, ela falava com ele o necessário.

Olhou o céu, as estrelas esbranquiçadas, o astro maior chegando, os pássaros começavam a saudar o novo dia! Respirou fundo...

E os pensamentos continuavam...

Dona Vitória não parava na fazenda, sempre indo e vindo do Rio de Janeiro, na verdade, ele nunca contou para ninguém direito o que aconteceu, não perguntaram.

Mas foi em sua companhia que a cobra pegou seu patrão, a danada da peçonhenta, não deu nem tempo de matá-la de tão rápida que foi, picou-o e sumiu mata adentro.

Alencar viveu menos que, um quarto de hora, como estavam longe da fazenda, ele já chegou sem vida.

Ele prometeu ao seu patrão, na hora da morte, fidelidade absoluta. Tomaria conta de Matias e seus bens, até ele tomar consciência de tudo.

E assim foi feito esses anos todos, Venâncio era de confiança, mas de raciocínio curto, não entendia de negócios, enquanto Matias foi correr o mundo ele dobrou suas plantações, triplicou seu patrimônio, não deixou uma margem de dúvidas na cabeça de dona Vitória, em relação aos seus bens.

Foi ele que chegou a Matias, dizendo que o tempo estava passando, e que já era hora de se casar, afinal precisava de herdeiros, quem ficaria com toda aquela fortuna?

A negra Nayb foi uma peça fundamental nessa empreitada, sem ela, com certeza, ele não conseguiria.

Essa negra era mesmo fiel, uma pessoa valorosa e responsável, ele já de tempos percebera que entre os negros era igual aos brancos.

Havia quem prestava ou não.

Não é que não gostasse de negros, isso não!

Apenas cumpria sua obrigação e isso valia para todos.

Mas também não mostrava os dentes com facilidade, afinal cuidar dos bens dos outros era tarefa árdua.

Um fato engraçado aconteceu.

O senhor João Silveira era um escriturário, vinha à fazenda fazer levantamento dos negócios e foi contratado pela dona Vitória.

Chegava fazia seu trabalho e levava os apontamentos à patroa.

Pensando nesse caso, ele levantou, pegou seu cavalo e saiu a passos normais, seria quase ainda meio dia de caminhada, portanto, nada de forçar o animal. A alvorada já estava presente, era melhor seguir viagem.

Com o tempo esse escriturário foi ficando espaçoso, permanecendo dias de papo para o ar.

Começou a andar a cavalo, um pitaco aqui, outro ali, começou a fazer as refeições sentado à cadeira do patrão.

Ele morreu é claro, mas quem o autorizou a sentar aí?

O herdeiro era Matias, podia não estar, porém devia ser respeitado com ou sem a sua presença.

Nayb o procurou certo dia, com um assunto estranho... O senhor João perguntou a ela se não havia ouro, jóias guardadas em algum lugar da casa?

Ao final do dia, depois de suas obrigações, ele foi ter um dedo de prosa com esse homem.

Ele estava deitado na rede, em cima da mesinha, ao seu alcance, sucos e frutas, era um sujeitinho redondo, vermelho e tinha um tique nervoso, ao se sentir apertado, limpava a rosto com o lenço várias vezes.

Olhos pequenos e uns dentes amontoados, as mãos gordas acostumadas à ociosidade física.

Ele chegou e deu seu recado:

– Senhor João, você já está aqui de sobra, deve haver mais cliente à sua espera.

Esse homem levantou nervoso e disse:

– Como é mesmo sua graça, meu senhor? – perguntou ele.

– Sr. João, meu nome você não precisa saber!

Por essas bandas, moço, nome só é interessante para escrever na cruz, para não ser defunto sem missa.

O sujeito almofadinha empalideceu!

Sabe seu Silveira, eu jurei ao Patrão Alencar na hora da morte, que cuidaria do que é dele.

Tomaria conta até o moço Matias assumir o que é seu por direito.

Espero que dona Vitória nunca tenha desagrado em relação ao dinheiro dela, se isso acontecer não vai haver buraco no mundo onde o senhor possa se esconder.

A partir de hoje, em voltando aqui sua hospedagem é no barracão de empregados. Na casa grande, dormem os patrões.

Não é que o homem tomou jeito de gente?

Em suas voltas sabia o seu lugar.

Seu cavalo pegou a trilha, esse pedaço era arenoso, seu trotar era cadenciado e macio, estava mesmo velho.

O dia já ia alto e ele não conseguia parar de pensar, parece que resolveu pensar tudo de uma vez.

Sinhá Rosário não deve saber até hoje que foi por sua culpa que ela foi escolhida para casar com Matias.

Diacho!

Era mais fácil matar um homem, um peste ruim, do que se sentir responsável por quem presta.

Ao sair para procurar uma possível noiva para Matias, foi a uma viagem a esmo, colhendo informação aqui e ali, até encontrar um conhecido que lhe disse que o senhor Vicente tinha filhas no tempo de casar. Era um homem honrado, trabalhador e suas filhas eram bonitas.

Ele poderia ir ao Rio de Janeiro, moça havia até demais, mas seriam companheiras para o dia a dia? Convenceu Matias que uma moça da cidade seria como a senhora mãe dele, dois pés lá, um aqui.

Na verdade, ele correu risco em tecer esse comentário, mas precisava ser feito. Ainda bem que Matias era inteligente e soube entendê-lo sem se ofender.

Diante dessa informação ele ficou uma semana na cidade, na pensão de Justina, um ambiente suspeito cheio de mulheres, ele acabou até divertindo-se também, sorriu ao lembrar essa passagem.

Foi essa dona Justina que acabou dando-lhe os detalhes sobre a família do senhor Vicente, era questão de falar com ele, se aceitasse sua busca estaria resolvida!

Gastou três dias na negociação, ficando bem mais fácil, quando apresentou a bolsa de pedras preciosas, que havia levado para realizar o acordo.

Enquanto o futuro sogro de Matias tomava algumas providências na sua casa, para acompanhá-lo e conferir sua assertiva.

Ele tomando cuidado, ficou por ali sem que as moças o vissem, ele queria saber qual delas.

E, além do mais, iria conviver com ela no futuro, era melhor não se mostrar mesmo!

A senhorita Rosalinda era uma moça clara, bonita, mas ele achou a expressão dela bestial, era como se a qualquer momento por tudo e por nada, ela começasse a chorar!

Aquela moça não daria uma boa patroa, a casa dava trabalho, muitos escravos, haveria de ser mais esperta, ele poderia estar enganado, mas pelo sim ou pelo não queria ver a outra.

Ao ver Rosário, era, sim, uma menina, mas ágil, despachada e cuidava da lida com desenvoltura, sorridente com as irmãs, mas o que o encantou mesmo foi vê-la fazendo uma leitura de um livro para a irmã cega.

Por essa o patrãozinho não esperava, uma mulher letrada!

E estava com razão, a Fazenda Santa Luzia deveria ter, sim, uma dona inteligente.

O futuro sogro de seu patrão partiu com ele no outro dia cedo, quando chegaram à fazenda depois de dois dias, uma coisa estranha estava acontecendo, era como se genro e sogro já se conhecessem,

Ele deu-se por satisfeito, devia ser o destino! Mas advertiu Matias que sua noiva deveria ser Rosário.

A moça chamada Rosalinda era frágil como as porcelanas de sua mãe.

Foi dessa forma que aconteceu tudo e agora ele se sentia castigado, será que se fosse com a outra isso estaria acontecendo?

A vida deles não teria outro rumo?

Nesse momento, com o sol a pino Matias estava sepultando a filha!

Como estaria Rosário?

Cansado ele se encontrava e não era da viagem que estava fazendo, era da vida!

Olhando de lado, o que ele fizera assim de tão bom?

Ao menos o Patrão tinha alguém para perder. E ele?

Ao nascer o filho, Henrique, ele deu sua missão como cumprida com seu amigo Alencar, já havia um herdeiro para suas terras e seu patrimônio; também a futura geração estava garantida.

E ele? O que havia feito na sua amarga existência?

Dona Rosário, de fato, tornou-se uma bela mulher e boa de coração.

Ao perceber que ela agradava os negros com algumas guloseimas na calada da noite, ele fez de conta que não sabia, pelo contrario, evitava que Venâncio percebesse e Matias também.

Todos nós temos segredos e os dela não faziam mal a ninguém.

O nascimento da menina foi um acréscimo de felicidade, agora o Alencar do outro lado, caso houvesse o tal "outro lado", poderia até presenciar a disputa por herança entre os herdeiros, esse pensamento o fez rir.

Ninguém voltava para contar como era do outro lado nem do céu ou do tal inferno.

Mas e se fosse verdade? No céu era meio difícil seu patrão estar.

Os caminhos trilhados pelo velho não eram lá muito diferentes dos seus.

Um patrimônio daquele não se consegue com cem por cento de honestidade. Das gerações dos netos se fossem prudentes poderia até ser.

No dia do aniversário de dois anos da garotinha, coincidia com as festas de São João, foi feito uma comemoração bem grande: fogueira, doces e comidas de todo jeito e muitos convidados que ficaram até o dia amanhecer.

Sorriu ao lembrar-se desse dia, a garotinha descalça na boca da noite, na correria de criança, entre os convidados.

Ele se encontrava afastado das pessoas como era de seu costume, sentado em um tronco de árvore.

Essa criança foi até ele e se aninhou ao meio das pernas dele, logo em seguida, ela subiu e sentou em uma delas.

Abriu os bracinhos gordos e pendurou-se-lhe ao pescoço.

Jamais ele havia tido uma criança nos braços ficando sem ação. O que fazer?

Sentiu o cheirinho dela, os cabelos encostando-se-lhe ao rosto, parecia um anjo.

Desesperado viu Rosário procurando a filha com os olhos no meio do povo.

Já foi se preparando para uma baita reprovação e uma explicação sem eira e nem beira!

Esperou sentindo-se ameaçado e desconcertado.

Mas Rosário ao vê-la com ele sorriu com um ar de entendimento, virou as costas e foi atender os convidados.

Ficou-lhe ela no colo e desceu quando bem quis.

Pela primeira vez na vida sentiu-se gente de verdade, dona Rosário sabia que ele era um assassino, um pau mandado, mesmo assim deixou seu anjo no colo dele, às mãos pecaminosas.

Uma avalanche de lágrimas veio-lhe aos olhos, queimando como fogo. A garganta apertou-se, como se, se rasgasse; um nó do tamanho de todos os crimes dele e o peito parecia que ia explodir.

Sem conhecer essa emoção esporeou o cavalo a galope e ele soluçou pela primeira vez nessa vida. Chorou como nunca havia feito, sentindo como se um manto escuro estivesse sendo-lhe retirado dos ombros.

Desejou que Deus realmente existisse, e que Ele fosse tão bom, a ponto de aceitar um pedido de um pecador confesso...

Que pudesse ajudar a menina, se por acaso existisse vida depois da morte, que ela não fosse para o tal de inferno tão comentado, e seus patrões fossem ajudados, nessa hora, tão triste!

Ele deu-se conta de que deveria ser esse sentimento, que os familiares de suas vítimas sentiam, ao perderem os seus.

Para ele não havia perdão, mas a menina Goia era uma criança!

Chorou montado em seu cavalo, fazendo uma promessa.

Faria de tudo para não tirar a vida de mais ninguém.

Experimentou, pela primeira vez, o gosto do tal remorso tão falado...

Não pediu nenhuma vez perdão pelos seus crimes, já os havia cometido e não tinha como desmanchar. E achava que estava certo, era pago, um serviço como outro qualquer.

E Deus era tão distante, não acreditava muito nesse assunto, não lhe despertara interesses, não duvidava e nem acreditava, cada qual com a própria opinião, mas a morte dessa menina despertou essa dor, até então desconhecida.

O resto do tempo da viagem, em seu cavalo, pelos caminhos quase desertos, foi amargurado.

Ficava a imaginar a dor de Matias e dona Rosário e ainda teria o garoto pela frente, sentia-se castigado.

Se ele estava assim! Merecia....

Capítulo Quatro

Henrique, com 17 anos, estava se tornando um belo rapagão, com os traços da mãe, e muito da personalidade do pai.

Era compromissado com os estudos, responsável com o nome da família. Uma coisa a tempos o incomodava, ele sabia que foi errado enfrentar seu pai, mas também não podia deixar de interferir em favor de seu único amigo.

Hoje havia amigos, mas Bentivi foi a pessoa que lhe mostrou a vida boa do campo. O episódio do passado recente devia ser resolvido, mas seu pai não dava sinal de querer caminhar nessa direção, nem ao Rio ele foi nesses anos.

O medo dele era que uma atitude de criança, um ato irresponsável, fosse tomando corpo e crescendo junto com a idade. E o mal ganhando forças numa direção sem volta.

Sempre foi aplicado em seus estudos, mas naquele dia, pela primeira vez, não foi às aulas. Levantou agoniado, perambulou pela casa, sendo reprovado pela governanta, mas ela também não viu assim algo de tão ruim, acabou virando brincadeira.

Aproveitou o dia para ajudar Simão limpar as baias, a casa era grande.

Nos fundos, ficavam os cavalos, três para ser exato. Caso precisasse fazer viagens ou até mesmo cavalgar na praia.

Depois do almoço, saiu com seu cachorro e foi caminhar, sentou nas pedras e ficou olhando o mar.

Os planos do rapaz eram terminar os estudos e quando Goia se emancipasse ele a traria para o Rio de Janeiro. Ela iria estudar e entrar no mundo em que ele estava vivendo.

Viajariam ao exterior e voltando, quem sabe um casamento para os dois, riu sozinho se vendo casado.

Um pensamento para lá de longe, nem namorada tinha. E isso envolvia resolver com seu pai assuntos pendentes. Dando-se conta de que a vida dele dependia em tudo dessa atitude, precisava nas férias falar com sua mãe. Ela com seu jeito conduziria o assunto, ficando mais fácil.

Ao retornar se dirigiu à sua casa entrando pelos fundos e ouviu vozes diferentes na sala, ao ver Zé Lobo sentiu um frio no estomago!

Caminhou rápido em direção a ele, cumprimentando-o e percebeu as três mulheres da casa sentadas uma do lado da outra de cabeça baixa;

O que aconteceu "capitão"? O que o traz aqui?

Este entregou a carta, avisando, não serem notícias boas, tremeu ao pegar o envelope, olhou-os e resolveu subir para seu quarto, leria em seus aposentos.

Ao terminar de ler, escureceu-lhe a vista, perdeu a noção da realidade, a tristeza foi tão grande que ele levantou, pegou uma mala, jogou suas roupas e desceu a escada em direção ao estábulo.

Sem falar uma palavra, Simão já lhe havia selado o cavalo e substituído o animal de Zé Lobo e saíram.

O "capitão" fez a viagem mais estranha da vida, esse moço cavalgou sem parar, sem única palavra.

Era como se ele falasse, desmoronava.

Rosário não tirava os olhos da passarela de flores amarelas, que ladeava a entrada da fazenda.

Foi Sofia que os avistou, no dia seguinte, perto das onze horas, os cavalos estavam no fim da resistência, mas chegaram.

Rosário saiu correndo em direção ao filho, esse vendo a mãe, desceu do cavalo com passos falsos por conta de muitas horas cavalgadas.

Da varanda, Nayb viu quando eles se abraçaram e depois ele gesticulava.

Levava as mãos á cabeça, caia de joelho, a mãe corria e o abraçava, ele levantava novamente como se fosse louco.

Ela não sabia o que estava sendo mais triste, a casa vazia, o sepultamento da menina ou ver o que estava acontecendo a Henrique.

Instantes depois, os viram subir o morro, em direção ao cemitério, e não voltaram de lá tão cedo.

Nayb se dirigiu ao escritório onde Sinhozinho Matias estava tentando fazer umas anotações para ver se a cabeça voltava ao normal. Bateu à porta pedindo licença e dizendo:

– Sinhozinho, seu filho chegou, está com a mãe, eu apesar de saber o meu lugar, preciso falar-"te" uma coisa:

– Diga Nayb, estou ouvindo.

– Sabe, às vezes, é melhor a gente pensar, a morte levou sua filha, não deixe a vida lhe roubar o filho!

– Entendi, Nayb fique sossegada.

E de fato por duas semanas a paz reinou na casa entre pai e filho.

Rosário ao vê-los cavalgar, visitar os quintais, se sentia feliz e comentou com as negras: "quanto essa vida é estranha, a morte da menina uniu os dois".

Numa sexta feira pela manhã, Sofia e Rosário foram ao povoado e voltariam bem à tardezinha, a vida precisava ser retomada. As provisões da fazenda precisavam ser abastecidas.

Foram de coche com o negro Gil, ficando Nayb na casa grande e os dois sinhozinhos.

Henrique foi ao seu quarto, arrumar sua bagagem, voltaria aos estudos no dia seguinte.

Entre os objetos expostos na cômoda, ele avistou um baú, de madeira, pequeno, ficavam ali seus tesouros, coisa de criança que ele e a irmã guardavam.

Pegou com saudade, dos tempos de menino, abriu-o para ver o que levaria de recordação de sua irmã e amiga. Mas ao abri-lo deparou com uma carta.

"Caro irmão,

Não se zangue muito comigo, não poderemos fazer nossa viagem, coisa que lamento, espero que você a faça por mim.

Levarei você comigo para sempre no coração, cuide de nossa querida mãe, eu não vou me casar com quem não quero, mas papai acha que é dono da minha vida e ele não é.

Só me casaria um dia por amor, mas é impossível dialogar com ele.

Você mesmo é testemunha disso, não me resta outra saída! Por favor, por mim não o odeie, ele pensa que está fazendo certo.

Amo você seja feliz por toda a vida!

Beijos para sempre,

Goia"

Ao ler essas palavras Henrique saiu enlouquecido em direção ao escritório, seu pai estava fazendo anotações, com o acontecido, a papelada estava em desordem e na semana seguinte começaria a nova remessa de entrega dos grãos de café.

Os negócios envolviam gente séria, e dava graças a Deus por essa atividade; a mente estava fora do lugar.

Nayb, na cozinha, preparava o almoço, quando ouviu uma "discutição" alterada, largou a panela e foi caminhando devagar em direção a eles, mesmo porque, ela não podia interferir tanto em assunto de família e ela sabia seu lugar.

Henrique discutiu com o pai a portas fechadas, num gesto de ira entre eles, vendo um punhal de prata, que na verdade era uma peça rara muito antiga, vinda com os pertences do velho Alencar que servia de enfeite na escrivaninha, Henrique pegou-o e cravou no peito do pai.

Ao sinal de luta, Nayb abriu a porta e viu a tragédia, sinhozinho encostou-se à cadeira com os olhos incrédulos para o filho!

O punhal enterrado no peito.

Henrique ao ver, o que acabara de fazer, dobrou os joelhos no tapete da sala, a face era de terror, olhava para as mãos sem acreditar no que acabara de fazer.

Ela foi fria, não sabe onde arrumou forças.

Correu até Matias, acabando de falecer com a mão estendida, querendo-lhes dizer algo.

Vendo que não havia mais nada a ser feito, agarrou o menino, arrastando-o ao seu quarto dizendo:

– Não saia daqui, seu pai se matou!

Ele entre espanto e soluço de remorso retrucou.

– Não Nayb, eu sou um assassino do meu próprio pai!

– Escute moleque, sua mãe perdeu a filha, o marido está morto, se você for preso ela perderá tudo!

Viva com esse segredo por ela, nós dois levaremos essa culpa e tenho dito!

Saiu fechando a porta:

– Não saia daí!

Voltou ao escritório e pegou a carta que estava ao chão, saiu e começou a gritar para os negros socorrer seu sinhozinho que ele acabara de se matar!

Essa tragédia assolou a vida de todos, a sinhá adoeceu e o filho em silêncio, não podia desmentir Nayb.

Os amigos no velório não se conformavam com tamanha desgraça, Nayb não deixou Henrique participar do velório.

Levou-o para a senzala dizendo à sinhazinha que por estar muito mal a negra Zanaba estava a lhe fazer suas ervas.

E não foi difícil confirmar depois esse fato, ele realmente ficou o couro e os ossos por pouco não enlouqueceu.

Rosário enfrentou essa nova situação, mas parecendo uma folha de papel de tão frágil, foi por Deus que conseguiu reunir forças e tomar decisões posteriores.

O desfecho do velório ficou por conta de Zé Lobo e Venâncio que se encarregaram de tudo.

Nos dias seguintes, Nayb andava por horas pasto adentro junto a Henrique, fazendo-o entender que fora o melhor caminho, precisavam juntos proteger sinhá Rosário.

Nesses dias, o menino acabou sabendo de toda a vida madrasta dela, de como viera a ser escrava; e também dos segredos de sua família desde a vida do seu avô Alencar e dona Vitória.

Não seria fácil conviver com esse segredo, mas era necessário.

Esperava que Deus um dia pudesse perdoá-la, ela decidiu assim, o menino era criança, foi sim uma decisão dela e isso jamais iria negar!

Assumiu por Henrique a culpa no silêncio, assim como ele assumiria a própria pela morte do pai, e juntos seriam um dia castigados por Deus, mas sinhá Rosário não podia mais sofrer.

Henrique apesar de jovem era inteligente, a consciência estava manchada, assim como também sabia que amava seu pai, foi um ato de loucura, ficara cego em suas atitudes, mas Nayb estava certa, sua pobre mãe não aguentaria mais essa tragédia!

Dias depois, partiram os três para o Rio de Janeiro, deixando para trás uma historia de vida com desfechos trágicos.

Ela que já havia carregado tanta coisa teria pela frente o menino Henrique e foram assim os janeiros, um após outro foram calçando essas verdades escondidas.

Zé Lobo continuou na fazenda com Venâncio, Sofia assumiu seu lugar, os negócios sendo tocados da mesma forma, com altos e baixos.

Rosário visitava a fazenda varias vezes ao ano, mas morar mesmo não quis mais, ficando com o filho.

Nayb pedia perdão a Deus pelo seu segredo e Henrique quando se encontrava em crise de consciência se juntava a ela e os dois caminhavam na praia tecendo considerações.

Quanto mais o tempo passava, ela achava que fizera certo!

Socorria o menino, várias vezes, nas lamentações de remorsos, mas era melhor assim, por sinhazinha valia a pena esse pecado.

Rosário percebeu o desencanto do filho em relação à fazenda, ele acabou se interessando pelo comercio, conheceu um holandês, dono de uma frota, comprou parte das ações e estava bem, gostava do que fazia.

Casou-se com Alice Veiga Palhares, uma moça de família modesta, para ela foi uma surpresa, ele demorou a tomar essa decisão, dando-lhe duas netas.

A nora era de fácil convivência, uma alma simples, dessa forma sua casa voltou a ter alegria outra vez, suas netinhas eram a razão das risadas dela e um pouco de paz.

Zé Lobo morreu cavalgando; seu cavalo rodou e ele caiu, as costelas lhe perfuraram o pulmão, diante desse fato, ela não viu mais como continuar com a propriedade e resolveu fazer justiça.

Nessa sua nova empreitada, ela levou quase dois anos indo e vindo da fazenda.

O movimento pela abolição dos escravos ganhava força a cada dia.

As esperanças dos abolicionistas já se avizinhavam com horizontes novos, membros da sociedade que antes ofereciam resistência se rendiam as evidências.

Contratou um cartógrafo e separou 16 partes das terras que seriam vendidas, contava a fazenda, naquela ocasião, com 15 famílias de escravos e seus filhos, um dos lotes era para Venâncio, já velho de cabelos brancos.

A divisão lhes permitiu um pedaço de terra, ficando todos margeando o Rio Capivara, alguns com plantações de café e outros de cana, assim fariam suas trocas.

Aquele recanto de serra, que fora motivo de alegria de seus filhos e da sua família, estaria nas mãos deles, foram eles que embelezaram aquele lugar.

Para as escrituras no nome de cada um deles gastou uma pequena fortuna, deixando todos com documentos, restituindo-lhes a dignidade.

Levou, para a cidade, apenas os pertences que lhes traziam recordações pessoais; as roupas, mobílias e os animais foram repartidos entre os escravos em partes iguais.

Sabia ela que deveria fazer direito, caso contrário a ajuda não teria resultado, contratou carpinteiros e mandou fazer as casas modestas porém seguras.

Os negros tendo uma vida toda sendo escravos, no início não saberiam se comportar com tanta liberdade.

Tomou essa atitude com uma alegria que a muito não sentia.

O último trabalho foi mandar remover os restos mortais do sogro, do marido e da filha, foram sepultados ao lado da sogra na cidade assim sendo, ela não voltaria mais a Santa Luzia como de fato não o fez.

E por ironia do destino, quem comprou a propriedade foi exatamente o velho que supostamente casaria com sua amada filha.

Segundo notícias, os negros tiveram no inicio certas dificuldades, mas com o tempo foram se adequando.

Venâncio acabou se amasiando com uma das negrinhas da antiga senzala, tornando-se de feitor a protetor, caso alguém aparecesse ali para tripudiá-los.

Os negros proprietários de terras, com o tempo, foram conseguindo vender seus produtos, o oficio de tecelagem ensinado pela velha já falecida, Zanaba, lhes rendiam fontes de renda.

Nayb faleceu da melhor forma possível.

No fim do dia, sentada em sua cadeira, fazendo um crochezinho para passar o tempo.

Enfim Rosário se sentia com a consciência tranquila, agora era esperar e ver o que o destino lhes reservava.

Seu filho se transformou em um homem bom, humano em seus negócios, era justo e sempre pronto a encontrar saídas que viessem a melhorar a vida de quem trabalhava consigo.

Havia, no olhar, uma tristeza que ela pensava ser por conta dos acontecimentos do passado.

Ele quase nunca falava no pai, isso a deixava triste, questionou-o, certa vez, sobre esse particular, ele disse que era melhor deixar esse assunto quieto, mas que ela sossegasse, não havia mágoas.

Ela não se tornou uma dama dos arautos sociais, vivia para sua casa e suas netas, mas foi, sim, uma grande colaboradora financeira do movimento da abolição.

Ela esperava ansiosamente esse dia!

Capítulo Cinco

O vale era paradisíaco, de uma beleza sem igual, as árvores uniformes dispostas com graça e bom gosto, a passarela calçada que levava do portão à entrada do hospital era ladeada por flores de todas as cores.

Seu perfume trazia uma sensação transcendental aos sentidos, como se limpasse o espírito ao respirar. Os pássaros com seus cantos enchiam os ouvidos com suavidade e beleza.

No vocabulário humano, não havia palavras para inigualável perfeição!

Rosário ao sentir a proximidade desse paraíso, sentia uma alegria infinita, como se voltasse para casa e para os seus.

Chegava ao portão, descia da condução juntamente com Leria e juntas faziam o percurso até ao hospital, observando os pássaros exóticos, de coloridos multiformes.

O porteiro a cumprimentava, dando mostra de conhecê-la a muito tempo, caminhou até a recepção e uma atendente gentil pediu que aguardasse, doutor Blanco viria logo.

Ela ficou olhando os quadros expostos na parede, pinturas da mais completa perfeição, pintores famosos retratando as hostes espirituais.

Ela poderia ficar ali para sempre, para ter o prazer de avaliar toda aquela arte.

Mas sua missão era outra!

Matias não dava sinais de melhora, apesar de todo o esforço ele continuava sem querer ver a nova realidade, quem sabe hoje conseguiriam algum resultado.

Respirou fundo, e virando-se, deparou com doutor Blanco.

– Olá, Rosário, vamos ver nosso irmão?

Sorrindo ela o acompanhou, no hospital, perdiam-se de vista de tão grande: vários corredores que levavam em outras direções que ela nem sabia onde daria!

Talvez fosse por isso que ninguém entrava ou saía daquele lugar sem acompanhantes, havia uma grande curiosidade da parte dela para conhecer todo ambiente.

Mas os profissionais daquele recinto estavam sempre ocupados, passavam rápidos, mal lhes dirigia um sorriso, ela contentava-se com essa cordialidade.

Parou no quarto 209, pelo vidro da porta, ela avistou Matias, pela primeira vez em anos, ele estava acordado e sem aparelhos no corpo.

Doutor Blanco entrou acenando com a mão para que ela esperasse.

– Bom dia, Matias, como está se sentindo hoje?

– Perdido, doutor, não sei quem sou nem como vim parar aqui?

Estou pensando, como sabem meu nome se nem eu sei o que se passa?

– Simples, Matias, estamos aqui para cuidar de pessoas que se sentem como você, há muitos aqui perdidos, doentes, mas a saúde e os esclarecimentos vêm, na hora certa, Matias.

Nada é para sempre, tudo passa!

E há sempre alguém muito querido torcendo pela nossa recuperação e se você estiver disposto a colaborar, hoje temos uma visita muito importante, alguém que o ama e espera sua melhora, já de tempos!

Vamos tentar, Matias?

Ela tem vindo sempre e você fica nervoso e perde a oportunidade.

Dizendo isso, fez sinal para ela entrar no quarto.

Rosário entrou sorridente e se dirigiu para abraçá-lo, ele olhou-a entre espanto e agonia, foi iniciando outra crise, doutor Blanco se aproximando com a mão sobre sua cabeça, falou com suavidade:

– Meu irmão o tempo passa, perderam-se as contas da visita da senhora Rosário, e você ainda não aproveitou nenhuma.

Doutor Blanco trocando olhares com ela autorizou-a a falar com ele:

– Matias, como poderão ajudá-lo sem sua cooperação?

Você precisa tomar consciência da sua nova condição, sentanda à beira da cama, tomou a sua mão entre as suas.

Como estás? O que o aflige tanto? Por que se recusa a acordar para a realidade do espírito?

Ele entre soluços segurou forte suas mãos dizendo:

– Foi ele!

Rosário sem importar-se com essa interpelação, continuou:

– Matias faz tanto tempo o seu desencarne, nossa vida na matéria tomou rumos diferentes e ainda temos muito chão pela frente, mas você precisa de equilíbrio mental para assenhorear-se de sua identidade, tomar conhecimento real da condição de espírito!

Dessa forma, todos os segredos possíveis serão esclarecidos, os nossos irmãos em Cristo aqui nesse lugar fazem esse trabalho.

Por Deus, meu marido, aceita a paz!

– Deus não existe, Rosário! Eu estou perdido, não sei que lugar é esse.

Quando acordo uma dor muito grande me vem ao peito, quero voltar para nossa casa, leva-me com você.

Quero ver meu pai, preciso dele.

Ela percebeu o estado de alteração em seu comportamento, doutor Blanco se aproximou, aplicando passes magnetizadores deixando-o em estado de inconsciência, uma enfermeira veio cuidá-lo.

Os dois saíram e ele agradeceu-a dizendo:

– Acho que dessa, vez, tivemos progresso, quando precisarmos, pediremos aos mentores autorização para buscá-la, vá em paz irmã, que o bom *Deus lhe* acompanhe!

Matias acordou, tempos depois, sentindo-se revigorado, um estado de saúde física que a muito não sentia, sentou na cama e viu uma porta aberta que dava para o jardim, ele achou curioso, não havia percebido aquela porta antes.

Chamou pelas enfermeiras, não aparecendo ninguém, tomou coragem e desceu, caminhou em passos lentos, apoiando-se ás paredes.

Ao chegar à porta, havia várias pessoas como ele sentadas nos bancos tomando sol, quase todos da mesma idade, ele se dirigiu a um banco, sentiu o sol no rosto, respirou fundo o perfume do ar.

Que lugar seria esse? Era belíssimo, mas...

Precisava sair daquele hospital, não foi um sonho, Rosário sua esposa esteve ali.

Ou ele estaria ficando louco?

Ele sentiu-se cansado, por momentos fechou os olhos e fleches confusos da própria vida vieram-lhe à mente.

Ao abri-los, percebeu um homem vindo em sua direção, esse senhor pediu licença e sentou ao seu lado:

– **Bom dia, amigo, como está passando? Meu nome é Serafim.**

Ele olhou e com um pensamento rápido, percebeu a oportunidade de saber um pouco daquele lugar.

– Eu sou Matias. E você está aqui a tempos?

– **Cheguei faz pouco, amigo!**

– E onde estava se é que me permite?

– **Estou de passagem, companheiro, a minha jornada ainda é longa...**

– Desculpe, mas eu não estou conseguindo entender "suas falas".

– É simples, meu caro, aqui eu recarrego minhas forças, cada vez que posso, venho, tenho grandes amigos neste lugar.

– Onde você estava era diferente?

– Muito! Lá... Habitam os desequilibrados, que como eu, lutam a cada dia, a vida é árdua, meu amigo, mas.......o bom Deus sabe o que faz!

– E como você chegou aqui, meu senhor? Ou melhor, que lugar é este?

Quando cheguei aqui pela primeira vez, vim de regiões de grande sofrimento, amigo. Onde os remorsos assolam a alma, levei muito tempo para entender, hoje tenho um pouco de paz. Mas não foi fácil!

– E você, Matias, como chegou aqui, seu exílio foi em que região?

– Amigo, para falar a verdade eu nem sei do que falas, acordei faz pouco, parece um pesadelo, não sei que lugar é este!

– **Não se preocupes, quando cheguei aqui me senti assim também, mas depois fui me recuperando e agora sei de tudo.**

O que importa é que a bondade Divina é absoluta!

Estamos vivos sempre!

– Alguém da sua família vem lhe fazer visita, senhor Serafim?

– **Sim minha mãe e um primo me visitavam, quando eu era paciente traziam-me, no início, grandes perturbações.**

Depois foram às portas para o meu completo entendimento, de onde eu estava e quem eu era.

Isso vai acontecer com você, amigo Matias.

– Sabe meu amigo, eu estou muito perturbado, tenho certeza de que vi uma pessoa que me é muito querida, mas...

Acho que ouvi o doutor Blanco...

Disse que estou morto, quer dizer não é bem morto! Amigo, será que estou louco?

É, percebe-se que se encontra mesmo perdido, amigo! Mas se tranquilize por que louco você não está e muito menos morto.

Logo terá suas respostas assim como eu tive as minhas! Bom amigo Matias, deu minha hora de entrar, depois nos veremos, estimo melhoras. Tenha fé.

Matias esperou a saída dele e se levantou, voltando ao seu quarto; algo lhe dizia que precisava conversar e muito com o tal doutor Blanco.

A mente confusa de Matias precisava ser realinhada, com urgência, quanto antes melhor.

No plano terreno, Henrique dizia à sua mãe que o Natal, daquele ano, deveria ser especial.

Faria uma festa com todos os amigos e depois iriam viajar.

Afinal ela iria fazer 65 anos e, fazia anos que ele não se sentia tão bem!

Suas filhas eram inteligentes, teve um bom casamento, os negócios estavam com grandes resultados, era felicidade demais para uma pessoa que cometeu tão grande pecado.

Uma coisa ele já havia percebido, nada escapa aos olhos de Deus e um dia ele pagaria esse crime.

Enquanto esse dia não chegava, ele resolveu fazer o máximo de bem que podia a todos em sua volta.

Não era voltado à religião e a igrejas, mas a caridade ele podia e devia fazer, sim.

Barganhar com Deus ele achava muito difícil acontecer, mas estava fazendo bem ao próprio estado de espírito, um pouco da angústia havia sumido.

Ele se propusera a minimizar as agruras da vida de algumas pessoas e experimentou o sabor de fazer o bem.

Rosário estava em um período de felicidade, como se algo muito bom estivesse acontecendo e vendo seu filho feliz era tudo que queria no momento.

Houve vários períodos, ao longo da vida, que achou que nem veria netos, Henrique casou tarde, muitos homens em sua idade já eram quase avôs.

Rosário sentia sua velhice coroada de felicidade, as saudades dos seus que se foram cedo dessa vida estavam assentadas, em seu lugar um agradecimento por tê-los tido em sua vida.

Na espiritualidade, no fim do dia, doutor Blanco entrou nos aposentos de Matias, nas mãos dele havia um fichário.

– **Ola Matias como está?**

– Acho que bem, doutor, um pouco confuso, mas tenho você para me ajudar ... Não é? Preciso entender o que se passa comigo.

Que lugar é esse ,doutor? Como vim parar aqui?

– **Matias, esse lugar está apto a receber almas que ao desencarnarem entram em estado de perturbações, somos preparados para socorrer aqueles que deixam o corpo físico de maneira violenta, causando-lhes traumas profundos.**

– Mas doutor, eu não estou morto!

Doutor Blanco sorriu:

– Ninguém está, Matias! O que perece é o corpo físico, aqui os que chegam desequilibrados recebem ajuda dos profissionais desse hospital que com sabedoria e amor prestam auxílio em nome do nosso amado Mestre Jesus.

– O que o doutor está afirmando é que eu realmente estou morto!

– Entendem-se assim, Matias, é realmente a verdade "morto para os parâmetros terrenos"

– Mas doutor, isso não me é claro, como vamos saber que, nesse momento, não passa de um sonho e vou acordar a qualquer momento?

– Eu entendo suas preocupações, mas aonde vamos agora, amigo, suas duvidas começarão a se dissipar, cada vez mais, terá suas respostas, é questão de paciência, Matias, muita fé em Deus e tudo se esclarecerá. Precisamos ir, a hora está chegando. Venha comigo, vamos fazer nossas orações.

Ele ficou mais perdido ainda... Orações? Nunca fez orações!

Não lhe restava alternativa a não ser acompanhá-lo, já havia percebido, esse moço era o único que falava com ele, os outros apenas sorriam.

Saíram por um corredor arejado de piso tão branco que doía às vistas, as paredes pintadas de amarelo dando harmonia ao lugar, pessoas passavam por eles apressadas, mas todas na mesma direção.

Para ele as novidades eram inúmeras, era impossível estar acontecendo! O lugar era tão grande que ele não saberia voltar sozinho.

Chegaram a um salão de formato oval, a primeira coisa que lhe chamou a atenção foi o teto, uma cúpula de cristal de beleza sem igual!

As colunas iguais as que ele vira em suas viagens, quando visitou a Grécia, mas de uma perfeição tamanha que realmente teria mesmo que ser sonho!

Ele estava tendo o melhor sonho da vida dele sem vontade de acordar.

Os bancos eram de formato redondo e sem pés, soltos no ar, davam medo de sentar.

Nas paredes, pinturas de incrível beleza, as cores suaves e elas mudavam de forma a todo instante.

Mostrando painéis de anjos verdadeiramente santificados! Se existisse céu, era um pedaço!

Ele percebeu, ao sentar, que sua roupa era de cor azul escura, e sentando junto com várias pessoas com essa mesma cor, aos lados, grupos com roupas de cores diversas, mas agrupados.

Não se via um ser de roupa azul sentado em meio a outras cores.

Com sentidos apurados percebeu ser uma arena, ao centro, um púlpito suspenso com uma escadaria que se via os degraus quando se chegava a ela, mas não percebia de onde vinha.

Ao, centro, uma mulher de cabelos avermelhados tão longos e cacheados, as mãos dela não se viam, era um facho de luz, os pés, sobre uma abóboda, de uma luz alaranjada iluminavam o ambiente.

Do alto da cúpula, pequenas estrelas circulavam sem cair.

Olhou para doutor Blanco admirado já pronto para perguntar. Ele lhe sorriu pedindo silencio, era a hora da Ave Maria!

Foi aí que ele percebeu, todo esse tempo as conversas não foram feitas com a boca, mas sim em pensamentos.

Matias levou as mãos aos lábios, olhando doutor Blanco, esse sorriu de volta!

Minha nossa, algo de sério havia ali!

Quando aquele anjo de túnica branca começou a prece, fachos de luz encheram o recinto, até ele que nunca foi voltado à religião ou a essas coisas de Deus, chorou tamanha beleza.

Um coral de vozes vinda de algum lugar, encheu-lhe os ouvidos.

Um sentimento de calma invadiu-lhe o ser. Foi inevitável não se sentir sensível àquela prece.

Nesse momento, pediu a Deus pela própria vida, que se fosse possível, desse-lhe respostas para as angustias próprias, lagrimas rolaram-lhe pelas faces, sentiu um toque amigo nos ombros.

Virou e viu doutor Blanco, apontando o dedo para um daqueles painéis.

Capítulo Seis

Os olhos viram uma casa de comércio, um armazém abastecido, no qual entravam e saíam pessoas com pacotes, sacas de alimentos, senhoras com cestas cheias de provisões.

Um homem já de meia idade, com um boné de couro encardido, fazia as transações comerciais.

O olhar esperto, avarento, denotavam verdadeiramente um ser mesquinho, sentiu um formigamento no corpo e para o desgosto dele, percebeu ser ele mesmo, um sentimento amargo apoderou-se si

Ao tomar conta desse fato entrou em pânico, querendo recuar, mas aos ouvidos dele uma voz de amor dizia*:*

– Não podemos fugir de nós mesmos, somos o que somos, coragem meu irmão, prossiga, desvenda seu passado, assim poderá fazer melhor da próxima vez!

Essa oportunidade resume suas chances de recuperação completa, estamos amparados por Deus!

Respirando fundo, contra a própria vontade entregou-se às memórias, como se entrasse naquela visão. O nome dele fora em um passado longínquo: Joaquim Callmon Soares, um português nascido em Sintra.

As lembranças que se sucederam não eram agradáveis e as de seu pai piores ainda.

Sendo já um homem rico ao casar com sua mãe, ela sofria os maus tratos vindos da parte dele.

Era uma mulher bonita vinda da Grécia, seu nome era Fanny, era carinhosa e dedicada, faleceu quando ele completou 14 anos, ele foi feliz na companhia dela e sofreu muito a perda de sua amada mãe.

Sentia a saudade e a mágoa daqueles dias em que se sentira sozinho, sem o seu anjo protetor que o livrava das atitudes do pai.

Percebeu claramente que foi a única parte boa dessa vida!

Seu pai um déspota, mercenário, quando lhes dirigia uma palavra era com rispidez, não viu sentimentos nobres naquele ser.

Nada que ele fazia agradava-o, quando o pai faleceu, ele já contava com 24 anos, sem ter tido carinho sentiu alívio; na verdade, nesse dia, comemorou, sentiu-se livre e a fortuna do desgraçado agora era dele!

A saudade de sua mãe trouxe-lhe lagrimas aos olhos, viu nitidamente seu sorriso doce quando ele fazia algo de bom e um puxar de sobrancelhas, em sinal de reprovação, se pudesse ficaria nessa visão para sempre.

Como poderia sentir algo dos personagens naquela espécie de teatro e se identificar como sendo ele?

Não encontrava palavras para expressar o estado de perplexidade!

A morte de seu pai rendeu-lhe um vasto patrimônio e nem se deu conta de que as atitudes do pai foram, aos poucos, sendo incorporados às suas.

Com inteligência e ganância se transformou em uma pessoa importante.

Estava, em uma época, em que muitos possuíam títulos sem posses e muito ricos; como ele sem nobreza!

Os negócios que possuía eram abrangentes, comerciava de tudo que fosse rentável.

Ultimamente possuía uns grupos de homens que traziam lotes de negros para a terra nova, pertencente à corte portuguesa.

Sem escrúpulo por completo, acordos feitos com lucros garantidos.

O braço direito dele, era um homem de ferro, garantia-lhe a proteção pessoal, como os negócios em andamento.

Com seu tio Jamele, irmão de sua mãe, formavam uma dupla traiçoeira, temida no porto e adjacências.

Quando havia de se fazer uma transação comercial, eles combinavam antes, de maneira que, seus patrimônios se elevassem.

Os vendedores chegavam e Joaquim Soares tratava-os bem, acertava tudo e comprava a mercadoria, mas na calada da noite, seu tio Jamele assassinava os comerciantes, trazendo o dinheiro de volta aos cofres.

Os comerciantes apareciam assassinados nas ruelas, ficando por conta de delinquentes, bêbados e ladrões e Joaquim e seu tio ficavam com o dinheiro e a mercadoria.

Se o material comercializado fosse pedras preciosas era fatal!

O estomago revirou, parecia que os intestinos iam sair pela boca.

Suores frios cobriam-lhe as têmporas, a ponto de desistir.

A mão amiga pousada nos ombros e no estômago deu-lhe estabilidade e doutor Blanco disse:

– **Continue Matias...**

Viu-se, certa noite, selando um cavalo e seguindo viagem, à Lua, clareava a natureza, a floresta mais linda que já viu, árvores frondosas faziam daquele lugar um mistério.

O caminho era largo e percebia-se que por ali passavam carroças, a estrada era sulcada no chão.

De repente, em uma curva, ele tomou uma trilha estreita cujas folhas das árvores quase fechavam o caminho, ele desviava dos galhos e continuava, parando em um casebre, que a primeira vista parecia abandonado, tamanha pobreza.

Ao levantar a mão, para bater, naquele arremedo de porta ela se abriu e uma bela mulher sorrindo o recebeu.

– È você Joaquim? Estendendo a mão, ficando claro para Matias que ela era cega.

E nítido também o amor que Joaquim sentia por ela. Nesse momento, uma onde de amor encheu-lhe o peito e logo em seguida, uma vergonha imensurável.

Naquele ambiente triste e miserável, ele foi recebido com amor. Não foi só essa vez que a visitara, inúmeras vezes!

Essa mulher era, sim, o amor da vida dele. Como pode ser um ser tão sórdido?

Teve que ouvir as mentiras, ele dizendo a ela que ainda não conseguira trabalho, mas que no futuro a vida melhoraria e aí, sim, ele a levaria dali para morar com ele e se casariam.

Ela sorria, acreditando nele e ainda lhe dando palavras de ârrimo, dizendo que não desistisse que o amava muito, sem condições mesmo.

Os anos passaram e num inverno rigoroso ela morreu sozinha.

Ficou triste e chorou, mas...

Aliviado, era rico, não poderia casar com uma sem eira e nem beira. Ainda mais cega, melhor assim.

Quem a sepultou foram amigos tão miseráveis como ela.

Sem esse vínculo que ainda era o resto de dignidade, porque o amor faz isso, dignifica o ser, ele se voltou então para sua fortuna.

Enfraquecido com tanta informação Matais foi conduzido aos seus aposentos, adormecendo logo em seguida.

Passou perto de uma semana, remoendo essas informações, sim, ele fora Joaquim Callmon Soares.

Agora sabia, estava mesmo morto e como se tornou Matias?

Com esses pensamentos angustiantes, foi surpreendido por uma enfermeira. Como alguém pode ser tão vil? Ele foi!

– **Senhor Matias uma visita para você** – disse ela sorrindo, abrindo a porta.

O coração quase parou, era a negra Nayb!

Ela se encontrava nova e rejuvenescida, com um sorriso largo o abraçou.

Uma sensação maternal deu-lhe uma alegria especial, deixando-o sem palavras.

Quando ia conseguir balbuciar algumas palavras, ela colocou o dedo em seus lábios dizendo:

– Meu tempo é curto. Outra hora eu voltarei, seja forte, estou sempre contigo em meu coração, fique com Deus, eu voltarei!

Ficou com os olhos raso d'água, emocionado sentiu novamente a antiga dor no peito.

Doutor Blanco já estava chegando com uma cadeira de rodas, o fez sentar e foram ao salão para mais orações e recordações.

Saiu angustiado, o que mais viria pela frente?

Ao chegarem, as preces angelicais enchiam o ambiente, dessa vez, ele queria ver o resto, precisava!

Nessa regressão, um personagem novo entrou na vida de Joaquim Soares.

Em uma manhã chuvosa, um cavaleiro parou em frente ao armazém, desceu sendo recebido pelo tio Jamele.

Como sendo já conhecido, os olhares dos dois foram de cumplicidade e entendimento.

Joaquim o recebeu, pedindo á Jamele que ficasse tomando conta do armazém, conversariam em outra sala.

Matias acompanhou aquela visão atento, para ver do que se tratava.

Foi nesse episódio que percebeu estar como que de corpo presente no passado.

Olhou para os lados, procurando o doutor Blanco e o viu ao seu lado, sentindo-se seguro, continuou.

Joaquim Soares, nessa época, parecia ter uns 45 anos.

Estava brabo com esse homem, o olhar era frio, exigia posturas em relação ao seu pagamento.

Esse homem também quase da sua idade, se dizia chamar-se Malaquias Furtado, devendo muito dinheiro por conta de jogatina, emprestou a juros uma boa quantia de Joaquim, era um almofadinha, engomado, possuía titulo de barão sem ter um vintém.

E o novo acordo estava preste a ser quebrado, Malaquias deveria já ter entregue um lote de escravos, por conta de parte do pagamento, logo as fragatas partiriam e o material não havia chegado.

Este ficou prometendo que tudo seria resolvido e que de, há muito tempo, queria fazer uma sociedade como aquela e não iria perder essa oportunidade.

Era questão de dias os negros estariam ali. Pediu calma, que lhe desse apenas uma semana.

E de fato na semana seguinte, o assunto foi resolvido, nascendo aí um negocio rendoso para os dois.

Malaquias aos poucos recuperou parte de sua fortuna e juntos se tornaram sócios em quase todos os negócios que envolviam assunto em outras terras.

Qualquer coisa que precisasse buscar, de especiarias a escravos, estavam juntos os dois, ou melhor, os três.

Malaquias voltou a frequentar os saraus da nobreza daquela época, parou com as jogatinas e foi aumentando a própria fortuna.

No meio social da corte, era considerado uma fênix, que ressurgiu das dificuldades, recuperando a nobreza e a dignidade do seu nome.

Em meio aos plebeus e a escória humana era temido, um homem cruel que matava sem piedade.

Matias se deu conta de uma situação interessante, seu tio Jamele era ruim, mas... Não cruel!

Malaquias não dava a menor chance a ninguém, matava por gosto.

Dessa visão passaram a outra, os dois conversando sobre a filha de Malaquias, uma garota de 16 anos.

Estava dando trabalho, de namorico com um rapaz espanhol que havia sido contratado para serviços da casa.

Malaquias na verdade, com os pensamentos ardilosos, queria lançar uma semente, na esperança, de um futuro casamento de sua filha com Joaquim.

Assim as duas fortunas se uniriam. Uma vez que a sua era muito inferior.

Mas teria que ser bem discreto.

Joaquim era muito inteligente, não podia perceber se não perderia tudo.

Lançou ideias no sentido de que Joaquim com tanto dinheiro deveria se casar, tornar-se um homem da sociedade. Fazendo um convite para um sarau no próximo fim de semana.

Joaquim, na verdade, esperava a oportunidade para se tornar um participante da alta cúpula da sociedade, mas todos sabiam de suas artimanhas, era uma pessoa que não inspirava simpatia a ninguém.

A corte não precisava da presença de uma pessoa sem cultura, filho de um homem que veio do nada e sem sangue nobre.

Dias mais tarde, o assunto surgiu e Izabel foi oferecida, caso ele aceitasse, fariam mais duas viagens às Índias

Trariam mercadorias e aumentariam seus bens. Seriam sócios e parentes, dominariam aquela região.

E sua filha sendo bela e inteligente, ele teria uma esposa à sua altura!

A resposta de Joaquim seria no outro fim de semana, ele precisava pensar, ficou combinado almoçar na casa de Malaquias.

Matias sentiu-se cansado, com nojo de tanta armação, de ver a facilidade com que se tramavam a vida de alguém sem o menor respeito!

Pediu ao doutor se podia deixar para outro dia!

Estava exausto, foi retirado dali sentindo profundo desgosto, o que será meu Deus que ainda me aguarda?

Prosseguiria depois como de fato foi feito...

Na sessão seguinte se viu na pessoa de Joaquim que chegou mais cedo para o almoço ficando de um dedo de prosa com dona Odete.

Esta era uma mulher empedernida, seca, a maternidade sempre lhe trouxe desgosto, sem paciência, quanto mais cedo se livrasse dos filhos, melhor.

O egoísmo não lhe permitia dividir o tempo com ninguém.

Os escravos sofriam nas mãos dela.

Ela adorou a ideia de casar a filha fosse com quem fosse, achava a garota sonhadora, vivia fazendo perguntas que ela não queria responder.

Era sim uma boa hora de começar a se livrar dos filhos, mesmo por que os outros dois eram meninos e logo sairiam deixando-a em paz.

Matias percebeu que a casa era boa, mas simples, o que a senhora Odete queria, era luxo!

E Joaquim veio bem arrumado, mostrando alegria para a felicidade do casal, se desse certo cada um deles atenderia os ideais.

Matias ficou horrorizado de poder sentir a alma da tal senhora Odete, uma energia densa, escura e parecia que a maldade tinha ali o seu ninho.

O pânico que sentiu quase o levou a recuar, mas como já confiava em dr. Blanco aguentou firme em sua posição e continuou com a decisão falha, mas necessária.

A menina Izabel foi instruída a vestir a melhor roupa, ela achou estranha tanta preocupação, para receber um homem que ela sabia quem era.

Todos sabiam!

Um peste ruim, a fama dele não era das melhores, mas fazer o que, havia que obedecer a seus pais.

E depois do almoço, iria encontrar Miguel, aí ele veria quanto ela estava bonita naquele domingo!

Martins a viu sorrir, em sua inocência, ao olhar-se no espelho.

Eles formavam um belo casal, Miguel ia pedi-la em casamento, ele era trabalhador, ajudaria muito seu e pai seriam felizes.

O almoço transcorreu normal, pediram para que ela se recolhesse, teriam assuntos de adultos, o que ela fez prontamente.

Deixou-os e saiu pela porta dos fundos ruela abaixo, para encontrar seu amado.

Ele a esperava na praia, perto da pedra grande, esse era o local de encontro dos dois às escondidas.

Juntos fizeram planos, se casariam, seriam felizes, como todos os casais de namorados de todos os tempos!

Ao voltar para casa, foi surpreendida pela notícia de seu casamento com o mercador Joaquim Soares para dali a quinze dias.

Chorou a noite inteira, sem ter a quem apelar. Como seu pai pôde fazer isso com ela?

Esse Joaquim já era da idade de seu pai, tinha má fama, o destino estava lhe pregando uma peça!

Dias depois, conseguiu encontrar Miguel, fugiu à noite encontrando-o na praia.

Acabou passando a noite com ele, sabiam que não poderiam lutar contra seus pais e nem com o mercador.

Miguel sugeriu um plano, ela casaria mostrando normalidade, enquanto isso ele arrumaria uma embarcação que os levaria para outras terras.

Aportariam em lugar distante, longe de todos, eram jovens, teriam um ao outro.

Ladrões eles não eram, mas se ela pudesse pegar algum bem qualquer que fosse, isso ajudaria na fuga.

Nesse desespero, passaram juntos na praia varias noites.

O casamento foi realizado e ela tornou-se a senhora Soares, na sua nova casa reuniu forças para por em prática a fuga.

Para o comerciante, seu marido, ela com jeito e determinação disse que não poderia por enquanto ser sua mulher de verdade.

Deveria deixá-la por uns dias acostumar-se à sua nova condição, foi inesperado seu casamento, ela não desgostava dele, apenas não o conhecia.

Seria bom um relacionamento íntimo com mais familiaridade.

Assim foi feito.

Izabel sempre saía no final da tarde, encontrando-se com Miguel, às escondidas, e já estava pronta a embarcação para dali a duas semanas.

Porém o que ela não sabia era que Joaquim era minucioso daquilo que chamava de seu, Jamele a seguiu e encontrou os dois.

Chegando a casa, foi interpelada e obrigada a confessar seus planos, veio a saber então com quem se casara.

Ele a trancou em um alçapão, ficando ali sem se dar conta de, se era dia ou noite.

Matias ao ver essas passagens, não conseguia entender de onde ele tirara tanta maldade!

Mas não ficou só nisso.

Joaquim foi à casa de Malaquias, seu sogro, e lhe fez uma oferta irrecusável.

Naquele almoço, em conversa com senhora Odete, soube que o sonho dela era fazer uma viagem a Viana da Foz do Lima onde viviam alguns parentes.

Com generosidade, por serem agora parentes, eles viajariam por sua conta, o barco partiria a três dias, e Malaquias aproveitando a viagem veria novos negócios.

Partiram sem nem se despedir da filha, aliás, nem notaram falta dela.

O que veio a seguir, foram atos de um completo demente.

Depois de dias intermináveis no porão, Izabel viu a porta ser aberta, era quase final dia, o sorriso dele era macabro e a deixou em estado de pavor.

Á noite Joaquim juntamente com seu tio, Jamele, a conduziram com as mãos amarradas a um coche, levaram-na para uma ruína abandonada.

Era uma antiga abadia, um lugar sinistro, no qual todos diziam que ali se via almas penadas, o fato era que os moradores evitavam aquele lugar.

Ao chegarem, para o desespero de Izabel Miguel se encontrava amarrado a um pilar.

Em pânico, começou a gritar por socorro, Joaquim ria e dizia palavras de baixo calão.

O olhar de Miguel era uma mistura de amor a ela e ódio profundo aos seus algozes.

À noite as nuvens espessas tornavam o lugar mais sinistro, como se compactuasse com aquela maldade!

Desamarram o moço e caminharam alguns passos.

Miguel com as mãos amarradas às costas, muito machucado de levar surras, caminhava trôpego sentindo o próprio fim.

Izabel mesmo sendo menina, concluiu que enquanto ela estava no porão, eles bateram em Miguel com vontade!

E sua querida Izabel o que seria feito dela? Esses eram os pensamentos de Miguel.

Ao chegarem a um espaço, parecido a uma antiga pracinha, que deveria ter sido linda no passado, Jamele arredou a enorme tampa de um poço, largo e calçado de pedras nas laterais e de grande profundidade.

Joaquim levou o moço e o jogou na frente dela, levaram alguns segundos para ouvir o som de sua queda, mesmo que sobrevivesse estava muito bem amarrado.

A frieza com que cometeu esse ato não parecia ser humana, ele se virou, sorriu para ela dizendo:

– Aí está o seu amado!

Jamele tampou novamente o poço e voltaram para a casa na cidade.

Ele a deixou com ordem expressa aos empregados para que ninguém a deixasse sair.

O desespero de Izabel, a dor de se saber absolutamente só, nesse instante tão triste de sua vida, fez com que no dia seguinte caminhasse até o celeiro e ali se enforcou!

Matias sabia o que era o sentimento de vergonha, mas como essa ele jamais sentiu!

Não conseguia levantar os olhos para o doutor Blanco.

Saiu do recinto, ele precisava de ar.

Com passos lentos se conduziu a um banco, parecia que o mundo caí sobre si.

Blanco o confortava:

– **Tenha calma, Matias, todos nós temos os nossos pecados e desacertos, por isso a necessidade do entendimento do Evangelho de Nosso Senhor Jesus Cristo.**

O amor e o saber, Matias, libertam o homem de si mesmo! "A semeadura é livre, mas a colheita é necessária", todos nós, um dia, semeamos em terrenos áridos. O sol

nasce para o justo e os injustos, os crimes são diferentes, mas o amor de Deus por nós; é um só!

– Mas... doutor como será que termina essa historia? O que farei? E Rosário?

Sentiu vontade de se deitar, as lembranças vinham em meio a isso tudo. Aos poucos, começavam a fazer sentido. E seus filhos? Onde estariam agora Henrique e Goya?

Será que estavam no fim de suas trapaças e mesquinharias humanas?

Algo de muito ruim aconteceu, ele pressentia.

Lágrimas amargas de arrependimento banhavam-lhe o rosto, doutor Blanco se retirou, deixando-o sozinho.

Ao acordar bem cedo, levantou disposto, com decisão firme, precisava saber de toda a verdade, sem choro, iria encarar as mazelas de frente.

Caminhou pelos corredores e viu nas macas outros pacientes cada um em seu quarto, olhou-os com pena e respeito, quem sabe eles teriam mais sorte do que ele. Desejou que as dívidas deles não fossem amargas como as suas.

Encontrou doutor Blanco fazendo anotações, este com um gesto de mão convidou-o a entrar: **– Diga, Matias, como estas?**

– Bem, doutor, e determinado a saber o resto, como esses três seres terminaram? No caso, sendo eu um deles?

– Simples, Matias, você enquanto Joaquim levou a vida na usura e na riqueza, sem aproveitar o sentido do bem na vida, amealhando fortunas, espalhando desgraça por onde passou. Não constituiu família, portanto não teve herdeiros, desencarnou de morte natural aos quase setenta

anos, seu dinheiro foi confiscado, virando patrimônio da corte. Jamele, seu tio, foi assassinado e Malaquias, o pai de Izabel, pereceu em meio a um negócio mal feito a ele por conta também do próprio temperamento.

– Mas doutor e o que nos aconteceu?

Sim, porque hoje eu estou aqui, fomos para onde?

Faço essa pergunta, porque me revoltou esse meu caráter como sendo Joaquim. Eu não me sinto capaz de maldades desse nível.

Não deveria eu achar normal, ou até mesmo sentir certo orgulho de ter sido quem fui?

– Certo, Matias, parabéns, você esta começando a entender, esse é o trabalho da reencarnação, os três tiveram sim outras vidas antes dessa sua como Matias. Na qual resgataram os três muito das dividas com o passado.

Houve, sim, mais firmeza de caráter, um pouco mais de consciência em ralação ao ser humano. Você, Matias, dos três foi o que mais fez progresso.

– Então o senhor está me dizendo que já estive aqui? E também já vi tudo isso?

– Sim, Matias, todos nós quando chegamos, somos acolhidos pelos anjos que aqui se encontram, muitos de nós nem percebe esse cuidado do amor Divino pelo embrutecimento do nosso espírito. São inúmeras colônias espirituais existentes, mas a mente nos mantém, em sintonia, com o estado mental.

Ficamos presos, Matias, em verdadeiros infernos, a culpa nos mantém em zonas de sofrimento.

Quando o espírito realmente cansou de *sofrer e venha a sentir necessidade de mudanças o estado mental o transfere, chegando enfim a lugares como esse.*

– Mas doutor... Como nós não sabemos disso estando encarnados? Seria tão simples!

Ele riu:

– **Cada coisa ao seu tempo, um dia todos saberão. Por hoje, o meu trabalho é você e falando nisso esta na hora. Vamos?**

Ao entrarem no recinto de preces, percebeu alguns lugares vazios, olhou para doutor Blanco.

Esse, em meio a um sorriso, confirmou as suspeitas, já voltaram para uma nova oportunidade.

Sentiu uma felicidade misturada de angústia, que Deus os acompanhasse e conseguissem retornar com saldos positivos.

Entrou em prece, e dessa vez, com confiança absoluta em Deus, iria por fim nesse sofrimento, mesmo sabendo que começaria outro.

Depois das preces, em vez de, voltar às reencarnações anteriores, viu-se menino correndo pelos pastos na fazenda Santa Luzia.

Sentia a grama nos pés e via as árvores frondosas.

Viu seu pai na lida da fazenda, olhando de lado, via também sua mãe sentada em uma espreguiçadeira.

Os negros moendo cana, o cheiro do melado entrou-lhe nas narinas.

O sol morno dava-lhe um conforto incrível, depois de ver os quintais, se viu dirigindo-se à escadaria da casa.

Subindo as escadarias, pela porta da cozinha, uma emoção trasbordou –lhe ao peito, sentindo que iria ver alguém muito especial.

Estava na lida da cozinha à mãe de Joaquim Soares, o espanto e um misto de decepção e alegria apareceu, o que ela estaria fazendo ali?

Ao vê-lo a senhora Fanny, alargou o sorriso, abrindo os braços, vindo em sua direção, no seu caminhar foi transformando-se em Nayb.

Uma áurea de ternura a envolvia, ele correu para ela e a abraçou.

Sim!...Sempre esteve aqui ao lado dele. Caiu de joelhos agradecendo a Deus por nunca tê-la surrado no maldito tronco.

Seu anjo, sua mãe, por isso tanta dedicação à sua pessoa e à sua família. Tentou falar, mas a voz não saía de emoção, ela calou-lhe os lábios sorrindo!

– Você voltou, meu filho, seja bem vindo!

Venha! Agora não está mais sozinho, vamos desvendar os segredos.

Saíram de mãos dadas, desceram as escadas, avistando Venâncio, fez menção de se aproximar, ela o prendeu.

Ele na felicidade que sentia, ia dizer a Venâncio que sua mãe era Nayb.

Quando sentiu a mão firme de sua amada mãe, ele ficou temeroso.

Venâncio ao vê-lo, permaneceu onde estava, e Nayb o segurou firme, mesmo percebendo algo errado, ele perguntou a Venâncio como estava.

Venâncio levantou os olhos envergonhados e foi-se transfigurando em seu tio, Jamele, sentiu um frio de repente, então era isso.

Estavam juntos, acumpliciados com amarras que só o amor desataria. Quem diria?

Venâncio seu tio e cúmplice!

Olhou para sua mãe, querendo saber o que fazer?

Ela com o olhar penalizado, balançou a cabeça em negativa.

Nesse ínterim, ao voltar os olhos para ele, este viu que ele não se encontrava mais ali.

– Fique calmo, Matias, ele apesar de ser como é, possui qualidades que contaram na jornada dele.

A lealdade e o compromisso são alguns dos dons dele, que lhe facilitará nas novas oportunidades; venha precisamos continuar.

Foram caminhando, em estado de felicidade imensa, contornaram o barracão, no qual guardava os animais e avistou Zé Lobo, o "capitão do mato".

Dessa vez, foi ele que apertou a mão de Nayb, quem seria meu Deus?

Ali estava o homem que lhe foi tão leal, cuidou de todos os seus bens, naquela vida como Matias, e na ausência dele teve mais responsabilidade com suas terras do que ele próprio.

Ao vê-lo virar, a surpresa de Matias não teve limites, era Malaquias, o pai de Izabel.

Ele lhe sorriu, abaixando a cabeça, cumprimentando-o, de igual para igual, montou em seu cavalo e foi desaparecendo como fumaça.

Ele queria gritar que voltasse, ficando com as mãos estendidas...

Nayb explicava:

– Como você saldou algumas dívidas, precisava mostrar para ele mesmo que era capaz de ser honesto quando se trata de negócios.

Agora ele se encontra em zonas inferiores por conta de outros crimes, mas esse assunto sobre a honestidade foi resolvido.

Ele sentiu o gosto pela honra e responsabilidade, sabe agora que o que é dos outros não lhe pertence.

E Deus na sua bondade e justiça há de lhe dar novas chances.

Podemos imaginar, no futuro, que homem de caráter ele será?

– Venha... Corra.

Disse isso, arrastando-o.

Há uma pessoa especial à sua espera.

Com a rapidez do pensamento, ele se viu perto da magnífica cachoeira, o recanto no qual passou dias felizes.

Rosário colhia flores, ao vê-lo esta sorriu iluminando o rosto dela, ele fez menção de correr ao seu encontro, mas parou!

Sentindo vergonha de sua condição, em volta dela um facho de luz, que ele já sabia, revelava entre os espíritos de grau acima na evolução.

Almas trabalhadas especiais, o doutor Blanco era assim.

Ela foi se aproximando e transformando-se na pessoa de Sara, o amor da vida dele, que morava sozinha naquela floresta, em situações precárias, sendo cega, ele com tanto dinheiro, não fez nada por ela.

Dessa vez, não aguentou, acabando-se em remorso.

Vendo-se em seguida, em seus aposentos no hospital, ficou ali martelando as ideias, saindo horas depois.

Levantou e foi ao jardim, sentindo ainda uma pressão no peito, essas reminiscências estavam acabando com ele.

Seu novo amigo, Serafim, veio ter com ele um dedo de prosa;

– **Como estás, amigo?**

– Nada bem, meu senhor, eu sei é necessário saber tudo, se soubéssemos quando encarnados, quantos males causamos a quem amamos...

Meus erros foram muitos, fiz tudo errado, uma dor que parece não ter fim.

– **Sei como é, Matias, a vida na terra é verdadeiramente uma escola, somos aprovados em algumas matérias e desastrados em outras. Mas você está feliz, viu sua Rosário. Não é?**

Ele olhou surpreso, como esse amigo conhecia sua historia? Ele não havia dito nada?

Serafim sorrindo disse-lhe:

– **Eu estou aqui por sua causa, Matias, não sou paciente desse hospital, já fui e talvez ainda venha a ser, mas no momento tenho tido o merecimento de chegar até aqui para esses minutos de conversas.**

Eu estou encarnado, tenho coisas para terminar e espero estar fazendo certo dessa vez. Então quando tenho permissão, venho lhe fazer uma visita.

– Nós nos conhecemos? Não me recordo! Desculpe. Questionou Matias.

– Também não é para menos, cuidei muito pouco de você. Devia ter sido um pai mais amoroso, mais presente em sua vida e não fui.

Matias abriu os olhos espantados:

– Meu Deus!

Serafim se mostrou, era seu pai, Alencar, ali na sua frente!

A emoção tomou conta do coração dele e ao abraçá-lo, pediu perdão por tantos erros, por envergonhá-lo e a saudade de uma vida pouco aproveitada.

Alencar abraçou seu filho e com palavras amorosas pacificou-lhe a alma.

– Mas...

Pai, como sendo encarnado chegas aqui? Ainda não compreendo

*São tantas novidade*s, estou perdido, em uma hora sou o mais feliz do mundo, e logo em seguida queria ter a graça de nunca ter existido!

– No repouso do corpo físico, Matias, nosso espírito se desprende.

Leva-nos onde estão nossas preocupações, seguindo esse raciocínio vamos onde estão os que nos são caros, sendo atitudes nobres, temos esses encontros que beneficia os participantes.

Mas há outros encontros meu filho, almas em desequilíbrio procuram seus afins em lugares sombrios onde há "choro e ranger de dentes," locupletando-se em miasmas

negativos, fazendo das almas encarnadas, presas, exercendo a extensão do mal.

– Eu estava nesse lugar? Não me lembro...

Não dessa vez, mas já estivemos sim, foi um aprendizado doloroso.

Dessa vez, você dormia o repouso necessário e reparador, seu desencarne foi drástico, um resgate penoso.

Bom filho, chegou minha hora, preciso voltar, a paz me acompanha, dessa vez você está desperto, isso me traz tranquilidade, sorrindo continuou...

Amanha ao acordar, vou estar feliz e disposto sem saber por quê!

Abraçou o filho e saiu...

Matias vendo-o afastar-se ficou sentindo a saudade de uma vida inteira.

Percebeu também que a vida em qualquer circunstância era uma eterna despedida!

A saudade, o amor, o ódio, qualquer sentimento não se extinguia em plano nenhum, o amor em sua função era a sublimação, a saudade uma esperança, o ódio à espera do perdão.

Esse era o caminho da sabedoria.

Levantou, foi procurar o doutor Blanco, dúvidas, a cada instante, surgiam, as respostas vinham, mas...

Precisava saber, quanto mais, melhor!

– Diga Matias que te afliges?

– Doutor, por que meu pai se apresentou com um corpo que eu não conhecia?

Blanco fez de conta que não sabia e disse:

– Então você o encontrou?

Fico feliz por você, Matias, parabéns!

Se eu for arriscar um palpite, seria esse: primeiro, você não se encontrava em condições de recebê-lo; e a outra hipótese, ele deve gostar dessa indumentária física.

Talvez com essa roupagem perispiritual, fosse a vida que mais lhe trouxe resultados e felicidade.

E falando em resultados, temos hoje visita para você, espero que agora já esteja em condições de recebê-la sem transtorno íntimo.

Deves ter percebido também, a dificuldade para que os encarnados cheguem até nós.

– Estou entendendo, sim, as peças começam a se encaixar.

– Então vá ao jardim, Rosário te espera!

E lembre-se, qualquer desequilíbrio de sua parte, a leva de volta ao corpo físico.

Uma onda de alegria invadiu-lhe o ser, mas se conteve, já era hora de começar a parar de dar trabalho.

Deu alguns passos e voltou:

– Doutor, e minha mãe onde se encontra?

– Ela está entre nós, é uma colaboradora incansável nas colônias espirituais, onde são recolhidos todos os espíritos que sofreram a escravidão no corpo físico, a dura realidade desse resgate.

– Obrigado, doutor Blanco, vou indo, aprendi muito hoje.

Saiu a passos rápidos...

Rosário ao vê-lo apressou-se, dando-lhe as mãos, saíram caminhando naquele jardim magnífico.

– Rosário, eu falhei com você duas vezes não é? Como faço para ter o seu perdão?

Ela sorrindo disse-lhe:

É exatamente esse o nosso erro, Matias, eu já o perdoei a tempos.

Caso contrário não estaria aqui, fazendo o possível para vê-lo recuperado, você precisa se perdoar!

Entender que somos falhos, imperfeitos, alunos da vida.

Fui uma mulher ruim em várias vidas consecutivas, dona de bens materiais, quem atravessava meu caminho estava perdido.

Rosário disse essas palavras com tristeza.

– Não sou e nem fui diferente de você.

Apenas com um número de vidas a mais.

Essa distância natural não faz de mim uma pessoa especial, apenas com mais experiência.

A duras penas consegui melhoras, em estado de espírito, que hoje me permite viver com um pouco mais de dignidade.

– Está certo, Rosário, mas isso não exime minha culpa em relação a você, eu fui cruel e mesquinho deixando-a morrer como Sara, em miséria absoluta, com mentiras espúrias.

– Desculpe, Matias, mas não é verdade! Aquela vida foi um dos meus últimos compromissos, com aquele passado obscuro, eu pedi a Deus a prova.

E você foi exatamente a parte boa, seu amor por mim não era perfeito eu sei, sabia antes de sair daqui, mas dava-me esperança, eu o amava e esse amor alimentava minha solidão.

Se você tivesse me levado para o conforto perderia meu trabalho!

Matias refletiu um pouco, mas não sabendo os caminhos de Deus, se calou, mas ainda com sentimento de culpa.

– Diz-me Rosário então tivemos outros envolvimentos antes de Sara?

– Tivemos, sim, mas esse assunto já foi resolvido, não há necessidade de revivê-lo, é perda de tempo.

– Então vamos ao presente; Rosário, você sabe onde está Zé Lobo?

– Sim já o visitei, mas você por hora não deves preocupar-se com ele, os espíritos elevados são os únicos que podem ir ou nos levar onde ele se encontra.

Uma verdadeira fortaleza, região escura com normas rígidas.

O "capitão" foi um homem sanguinário por séculos, foi soldado romano e em outras vidas, todas elas com largas experiências em crimes aos olhos humanos como sendo dignos.

Na sua trajetória, passou pela vida de todos nós de um jeito ou de outro.

Com o coração árido ele foi levando a vida, recentemente uma criança conseguiu finalmente plantar-lhe a semente do amor.

Mas suas preces o atingirão, e será como um bálsamo em sua alma, uma vez que poucos existem na terra, para não dizer quase ninguém, que irá lembrar-se da pessoa dele com sentimentos nobres.

Mas por hoje chega, está na hora, devemos ir, doutor Blanco nos espera.

Matias foi pego de surpresa, fariam uma viagem, conheceu Leria, a acompanhante de Rosário.

Saíram por um corredor desconhecido e entraram em uma embarcação jamais vista por ele.

Parecia um casulo de metal arejado e limpo, o condutor não se manifestava a nenhum deles, as portas se fecharam por completo deixando um ar frio, mas acolhedor.

Sentaram de frente um para o outro, deram as mãos em prece e saíram.

Sua curiosidade não permitia indiscrição, olhou pelo vidro e viu uma massa escura, envolvendo a todos, segundos depois avistaram um lugar avermelhado, sentiu medo e angústia, uma sensação de aperto no coração.

Onde estaria indo, meu Deus?

Capítulo Sete

—Estamos chegando, Matias! Não se angustie, são os pensamentos, sentimentos contraditórios de todos nós, vivemos em desarmonia nessa terra maravilhosa, o berço do nosso trabalho é maltratado pelas nossas vicissitudes.

O Lixo mental polui a atmosfera terrestre, não conhecemos ainda a importância dos pensamentos nobres e retilíneos em direção à luz, nossos infernos íntimos em somatórias tornaram-nos uma coletividade desajustada em sintonias negativas.

Matias ficou espantado, com a cor da energia escura, vez ou outra um facho de luz aqui, outro lá.

A condução parou em uma espécie de plataforma, um senhor calvo de sorriso franco os recebeu com boas vindas.

O casulo de metal partiu tão rápido como chegou.

Iniciaram a caminhadas e Matias, vendo em seguida as casas fechadas por conta do repouso noturno, percebeu ainda assim grande movimentação, sem entender perguntou se era dia de festa?

Ou ele desencarnara a tanto tempo que a cidade cresceu tanto.

Doutor Blanco lhe disse:

– Observe, Matias, são espíritos desencarnados que desconhecem a nova condição em que se encontram, agem como se ainda tivessem o corpo físico!

Presos ao plano terreno, e são vários os motivos que os mantêm assim.

São almas apegadas à matéria, aos bens terrenos, vivenciam ainda as paixões humanas.

Olhe! – Apontando a dois senhores.

Dois senhores bem vestidos conversavam caminhando. Um deles, da cintura lhe saía uma corda brilhante como se fosse amarrada ao corpo dele e a ele arrastando, o aspecto era de uma pessoa imponente, via-se claramente ser um dos "sinhozinhos" que ele conhecia muito bem.

O outro, com a mesma postura, mas sem a tal corda.

Passaram pertinho deles e não os viram, na verdade, quase por cima, Matias chegou a recuar nesse ato, olhando para Rosário, viu que ela portava a mesma corda e então entendeu, um daqueles senhores estava encarnado, assim como Rosário.

Foi um ensinamento para jamais esquecer e com os sentidos aguçados percebeu ser, na verdade, uma multidão.

As ruas movimentadas como se fosse dia.

Espíritos em desequilíbrio, atormentando os outros, verdadeiros algozes com suas vitimas, escravos sendo maltratados e maltratando seus senhores.

Matias agradeceu a Deus por não estar nessa situação no momento.

Os fachos de luz eram pessoas encarnadas, juntamente com espíritos evoluídos em estado de preces, socorrendo os necessitados que já se sentiam preparados para uma etapa mais feliz.

Percebeu a importância da caridade ao próximo.

Em estado de perplexidade, nem notou que já estava em frente à sua antiga casa.

Fizeram uma prece ao Pai criador rogando misericórdia para a missão nesse momento!

Matias sentia medo, quem estaria vivendo ali agora?

Entraram e foram se dirigindo às dependências, em um dos quartos, uma senhora de cabelos brancos dormia profundamente, com expressão calma em estado de paz.

Ele olhou para Rosário quase perguntando quem seria? Essa sorrindo confirmou ser ela mesma.

Matias entristecido percebeu quanto ela estava bonita naquela idade e ele não pôde vivenciar esses anos.

Doutor Blanco sentindo a vibração dele em desarmonia, questionou-o no sentido que poderia deixar para outro dia.

Ele retomou a força, prosseguindo, entraram em um quarto, no qual duas crianças dormiam; uma, de uns 8 anos e outra, de uns 2 ;eram belas as meninas!

Leria que se manteve calada a viagem inteira, aproximou-se da criança mais velha, passando as mãos por sobre a menina, essa foi se transformando lentamente em Vitória, sua mãe.

Uma emoção de saudade e tristeza invadiu-lhe a alma, as lembranças de sua mãe eram tão poucas, se sentiu culpado, sem nem saber por que, deveria ter sido uma relação de amor.

Mas ela vivia sempre mal humorada, arredia, percebeu que nem se lembrava de um abraço seu.

Respirou fundo, e do pouco que entendeu, com certeza, mereceu essa condição, esse desamor vindo da parte dela. O que ele lhe teria feito?

Subiram a escada na qual ele tantas vezes descia o corrimão em brincadeiras.

Entraram nos aposentos que pertenciam aos seus pais, havia um homem estranho de meia idade com barba serrada.

Bonito, percebia-se pela expressão do rosto ter muita personalidade.

Olhando, com curiosidade, percebeu ser Henrique seu filho!

Cambaleou, sentindo vertigem, foi amparado por doutor Blanco e Luisa, veio-lhe à mente a briga daquele dia!

Vieram-lhe as lembranças da fazenda, os negros no pelourinho, seus filhos enfrentando-o, os momentos felizes, passou-lhe tudo pela mente e em seguida a discussão dos dois por conta da carta!

Chorou amargamente, recolhido na própria desgraça.

Voltou-se para Rosário pedindo perdão! Rosário o abraçou pedindo calma, tudo seria resolvido da melhor forma possível, que ele se controlasse, caso assim não fosse possível voltariam outro dia.

Ele concordou, outro dia! Dessa vez era impossível ficar ali.

O cansaço mental, o peso dos acontecimentos o desmoronara.

Por dias andou pelo jardim meditando...

Aquele episódio com seus filhos o magoara no próprio orgulho de homem da casa, de pai.

Mandou Henrique estudar mais cedo e não fez nada para trazê-lo de volta ao coração.

Ele sabia que estava errado, que deveria ter visitado o filho ao longo dos seis anos que ficou na cidade, eram sempre Rosário e Goia que partiam em direção a ele.

Ele deveria ter tido mais tato, era um garoto bom, a conversa franca os aproximaria, não fez, perdeu a oportunidade.

Quando assumiu o compromisso do casamento de Goia e seu amigo, não comentou nada com sua esposa, sabia que ela seria contra.

Estava esperando chegar o momento propicio, para expor o assunto, ao longo de seu casamento foi conhecendo sua amada esposa.

Era corajosa, amiga, de extremada dedicação aos seus pertences, cuidava com carinho até dos bibelôs que sua mãe deixara.

Mas muito maleável quando se tratava das vontades e caprichos dos meninos. Os seus argumentos deveriam ser convincentes.

Mas... Rosário era humana de forma exagerada, os negros tornaram-se seus amigos, ele não entendia, os serviçais deveriam ser tratados como tais!

Ela encontrava resposta convincente para tudo, parecia que na cabeça dela havia um baú de ideias, ele ficava intimidado com a postura dela.

Quando ela chegou, de inicio, não prestou atenção ao comportamento dela, era tão seguro de si, e na fazenda como todos seguiam o ritmo dele, ele achou que ela seria igual.

Eram escravos e pronto! Mas para ela não, eram seres que mereciam parte do coração dela.

Com tantos serviços e como sua mãe era ausente em tudo, desviou esse assunto e tocou a vida.

Sem contar que a danada o fez amá-la de verdade.

Hoje sabe bem, não conseguia contradizê-la por amor!

Como ele poderia saber que sua filha ouviu a conversa? Onde ela estaria agora?

Jesus! Quanta desgraça por conta de orgulho e falta de diálogo...

Naquele dia fatídico, tentando trabalhar em suas anotações, a mente não se fixava em nada.

A pergunta do por que sua filha tão amada tomara uma atitude tão infeliz, martelava-lhe à cabeça.

Por que a vida dele era coroada de situações tristes?

Se tivesse resolvido com seu filho a anos antes, como deveria, deixado seu orgulho de lado, naquele dia seria uma dor partilhada entre uma família unida.

Haveria tempo para explicações!

A porta abriu de repente e Henrique, sacudindo um papel na mão, gritando!

Sua culpa! Foi você! Eu sabia você é ruim... Você matou minha irmã...

Discutiram seriamente, foi assim que percebeu que a filha havia escutado,; seu primeiro pensamento foi para Rosário. Como ela reagiria?

Em vez de acalmar o moço, uma vez que era pai e mais velho, entrou em discutição.

Agrediu-o com palavras duras, que na verdade, era uma forma de extravasar a tristeza que sentia, expulsando-o de casa de vez.

Irado, o garoto pegou o punhal e cravou no peito do pai.

Se fosse para dar um palpite simplório, Henrique, na verdade, fez como Goia, um ato de loucura, um segundo, foi o suficiente!

Compreendeu finalmente o porquê de tantos anos do calendário terreno, o estado de desequilíbrio espiritual era evidente, foi múltiplo o espanto dele naquela hora.

A vida pessoal em relação aos negócios, à fazenda, estava lhe trazendo não só resultados, mas felicidade, estava continuando o sonho de seu pai.

O casamento que a principio foi difícil para os dois, agora estava assentado, estava aprendendo a conhecer sua companheira e entender suas diferenças que hoje ficou clara.

Mesmo que levasse a vida inteira iria ser como foi, ela é superior a ele em se tratando de alma.

Como pai, dois filhos inteligentes, sua futura geração, seria avô, veria a continuidade de seu nome, como manda as tradições terrenas.

Já tinha se proposto intimamente a ter uma conversa com o filho antes de sua volta aos estudos.

O ato de Henrique, pôs fim a tudo isso em segundos, todas essas coisas passaram-lhe à mente numa velocidade impossível de medir.

O olhar de remorso e arrependimento do filho, depois que lhe cravou o punhal, doeu mais que o próprio.

Quando Nayb entrou no escritório, ele estendeu as mãos, pedindo a ela socorro para o filho.

Todas essas elucubrações precisavam ser assentadas, novos rumos se faziam necessário com urgência.

Voltou aos seus aposentos, era hora de preparar-se, dali a pouco era o momento de preces.

Não esperou que viessem buscá-lo, encontrou o doutor Blanco no corredor, este com as mãos nos ombros de Matias, dizia estar feliz pelo progresso dele.

Cada vez mais, os pensamentos ficavam firmes em contato com a espiritualidade maior, sentia as próprias preces mais claras e o amor de Deus incondicional.

Nessa outra sessão ,viu-se nas antigas ruínas da abadia juntamente com seu tio, Jamele.

A expressão de vingança que demonstrava, quando empurrou o rapaz amarrado para dentro do poço, o tal espanhol conhecido por Miguelito, mas esse ao cair foi-se transformando em Henrique, seu filho.

Ele começou aquela desgraça, tirou a vida do moço, foi um compromisso assumido sem necessidade, com requintes de crueldade, veio a saber, que ele levou semanas para desencarnar.

Quebrando o corpo em vários lugares. Como um ser humano pode cometer um ato desses?

Se hoje Henrique era um assassino do próprio pai, se a consciência o martirizava, a culpa era sua e não dele.

E Izabel meu Deus onde estaria?

Terminada essa visão se sentiu sendo tocado nos ombros, voltou-se lentamente, dessa vez, já sem sobressaltos e saiu com o doutor.

Entrou em uma sala encontrando Nayb e um senhor de cabelos brancos, de expressão inteligente, mas dotado de um olhar de amor inigualável.

Cumprimentou sua mãe com alegria e saudade, mas ao se dirigir a esse senhor sentiu vergonha e não conseguiu encará-lo.

Na verdade, ele nem percebeu, se postou de joelhos abaixando a cabeça...

Sua mãe amparando-o disse-lhe:

– Venha, meu filho, hoje faremos um passeio especial.

Mas antes precisa saber alguns detalhes, para que nossa missão tenha êxito!

Hoje visitaremos Izabel.

Em expectativa ouvia atentamente o que ela dizia:

Seu carma é repleto de amarguras, sendo mulher bela, poderosa, promoveu desgraças entre muitas vidas.

Algumas delas de forma lastimável.

Já de tempos, vem cumprindo parte desses compromissos tristes, muita coisa foi sanada, mas algumas falhas assim como as de todos nós, ainda precisam de reparo e ajuda de todos que somos envolvidos na trajetória dela.

Depois dessa explanação, Matias percebeu que hoje estariam todos sob os cuidados desse senhor chamado Enaús.

A prece feita por ele, abriu um caminho no qual entraram seguindo por regiões que ele pensou jamais existir, uma vez ali só pelo amor divino alguém conseguiria sair.

Entrou em um lugar parecendo uma imensa caverna, escura, com raríssimos pontos de iluminação, era úmido, exalava um cheiro insuportável.

Se não fosse por Nayb e o doutor estarem ao seu lado não conseguiria, uma vez que, de Enaús percebia-se a presença, mas fora do seu campo de visão.

Tropeçou em algumas coisas e quando os olhos dele se acostumaram a escuridão, percebeu serem criaturas emboladas umas as outras em estado de agonia.

Havia um reduto de seres em estado de lastimável apresentação, o ambiente na verdade perdia-se de vista de tão vasto.

Espíritos de ordem elevada socorriam aqui e ali, andaram por entre aqueles seres em sofrimento sem serem vistos pelos doentes e pararam em frente a um quarto ricamente decorado!

As cortinas das mais ricas sedas, uma cama por sobre um tapete que cobria o chão inteiro, almofadas com pedrarias, quadros enfeitavam as paredes, com um gosto carregado, sem ser vulgar e sentada a um banquinho almofadado de cetim estava a mais bela mulher que os olhos dele já viram.

O seu toucador era trabalhado em ouro, assim como as escovas de cabelos e os ornamentos por sobre ele.

Os cabelos claros em cachos bem feitos, preso com presilhas de diamantes emolduravam um belo rosto de simetria perfeita, os olhos eram azuis.

A natureza a presenteou com uma pinta por sobre os belos lábios, dando-lhes um ar sedutor. Seu vestido de cor laranja acentuava sua silhueta e belas luvas brancas completavam a formosura.

Ao ver esse quadro, ficou sem entender. Como naquele lugar alguém estaria em conforto?

Afinal quem seria aquela tão bela senhorita?

Doutor Blanco se aproximando, passou a mão suavemente por sobre os olhos dele, fazendo-o ver a realidade em que ela vivia!

Foi estarrecedora, acuada, em um Canto, da gruta molhada, escorrendo água suja e fétida, estava Izabel.

Sim, era a garota que fora sua vítima filha de Malaquias, a namoradinha de Miguelito!

Em volta dela, seres decapitados, sem mãos, ou então faltando sempre algum pedaço do corpo; mulheres agressivas acusando-a e crianças disformes à volta da moça.

Em meio aquilo tudo, um lodo escorregadio, não lhe permitia manter-se em pé! O olhar de agonia e culpa cortou-lhe o coração.

Sentiu pavor ao ver esse quadro, como podia, Senhor Jesus, tamanho sofrimento?

Como um punhal entrando-lhe no peito e em seguida, pôde perceber a transfiguração, era sua amada filha Goia!

Sentiu-se responsável por ela estar ali, nesse momento, deveria estar encarnada, mesmo que sofresse, não seria assim.

Vendo esses ambientes, entendeu finalmente a importância da vida física para o espírito!

Inserido em um corpo, mesmo que nos falte tudo, encarnados nós nos tornamos partes do mundo físico.

O sol, o ar, a natureza, a beleza da terra, são uma espécie de ilusão necessária, o espírito tem a chance de trabalhar de forma inconsciente, estando ainda diante das próprias mazelas.

Pessoas que nos ajudam sem saberem quem somos de verdade.

Foi uma dura lição, o que acabara de descobrir!

Saiu daquele ambiente, com dois sentimentos: um de culpa, mesmo não sendo responsável por todos os erros dela, mas a parte que lhe cabia.

Nem em sonho imaginava existir um lugar como aquele.

O que lhe dava um pouco de alento, era o fato de que ao querer casá-la, estava pensando em fazer o bem.

E ela percebendo que teria responsabilidades sérias, misturadas com as lembranças inconscientes da própria vida como Izabel, entrou em estado de desequilíbrio, pondo fim à sua tenra vida!

Saiu daquele lugar penalizado, mas se sentiu aliviado por não estar hoje naquelas condições em que se encontravam tantos seres.

A surpresa de ver um lugar como àquele trouxe-lhe profundas reflexões e inúmeras perguntas!

Era tão vasto aquele ambiente, insalubre, escuro, como chegavam até ali? E de que forma sairiam?

Pois que ficou claro, doutor Blanco não foi o guia, mas sim Enaús.

E chegando lá, alguns irmãos como Enaús vieram recebê-los e aqueles seres em agonia, nenhum deles, percebeu a presença deles.

Segundo doutor Blanco, era para a espiritualidade maior uma tristeza muito grande aquele vale de sofrimento, mas necessário.

– Aqueles irmãos descumpriram consigo mesmo a responsabilidade de amar a si próprio, essa é uma das maiores lei da reencarnação.

Quando reencarnamos, temos a obrigação de respeitar o corpo, o fim de uma vida física cabe a Deus não ao homem, uma vez que esse não dispõe da capacidade de dar vida a nada, o fluxo da vida é um dom Divino.

Todos ali não se viam uns aos outros! Vivem cada um com as próprias agruras.

Muitos ainda pensam ou vivem mentalmente o ato do desencarne desnecessário.

Quantos ali chegaram por motivos fúteis, amores perdidos, depois viam que na verdade era uma ilusão, que se esperassem um pouco o amor verdadeiro apareceria.

Outros, por conta de negócios malfeitos, perda de fortunas, vergonha, orgulho ferido, se sentiram no direito de por fim à vida com as próprias mãos.

Sem contar os desiludidos, que chegaram antecipadamente, de braços dados com a morte lenta através dos vícios existentes.

O sofrimento é triste, sim, nenhuma vida está imune a ele, Deus sabe exatamente à hora do seu fim.

A fé há de ser humana e Divina, a coragem de transpor esses obstáculos deve ser exercida a todo instante, o amor à própria vida é um respeito ao Criador.

Infelizmente, precisa haver um lugar para esses irmãos ficarem, os pensamentos deles fazem aquele ambiente.

Ao despertarem depois do ato, percebem o que fizeram e o remorso funciona para eles como um imã, arrastando-os a locais como aquele.

Muitos são molestados por espíritos de ordem inferior, como verdadeiros carrascos cobrando-os, espíritos malfeitores e extremamente conhecedores das maldades próprias, impondo castigo ou festejando a desgraça.

Sem contar a própria consciência que é o agente cobrador, a percepção da agressão em detrimento às leis Divina.

Do outro lado, espírito benfazejos prestam socorro em um trabalho de amor, diuturnamente, cuidando com destemor de seus pupilos.

Cumprem nestes lugares, o tempo que lhes restava na vida física!

A natureza não dá saltos em plano nenhum.

Segundo o doutor Blanco, há casos de pessoas que desencarnariam na semana seguinte, de maneira natural, teriam um lugar especial por terem suportado as próprias mazelas espirituais.

No entanto, foram sugadas, vindo a ser hóspedes de zonas inferiores pelos atos praticados.

Além do próprio carma, compromissos com o próximo, de viver em um orbe parcialmente primitivo, sujeito a doenças naturais, às forças da natureza, teriam mais esse compromisso desnecessário para reparar.

E muitos desses nasceriam no futuro com sequelas físicas, muitas das quais a medicina não poderá resolver.

Um acréscimo de sofrimento, nasceria como se a cruz que porta fosse maior que os ombros!

Mesmo com toda essa nova realidade, na qual acabara de ver tantas amarguras e penalizado por todos, tendo consciência das desgraças e as que causaram, sentiu-se privilegiado, um alívio na alma, abençoadas, sejam as dúvidas dissipadas; e tomou uma decisão séria.

Há dias, queria perguntar ao doutor Blanco onde ele se encontrava antes de chegar ali, agora isso não fazia o menor sentido, estava pronto para seguir novos rumos, era melhor contentar-se com o que fora apresentado.

Com a paz que estava sentindo, era melhor não perguntar nada.

Com certeza, o lugar onde se encontrava antes de chegar até ali, não era boa coisa!

Depois daquele dia, foi transferido para uma colônia, cedendo lugar no quarto, a outro necessitado.

Nessa colônia, percebeu que as pessoas mais livres do remorso próprio assim como ele, se ocupavam de trabalhos, estudos, orações e preparação para as novas vidas.

Percebeu que dali saíriam grandes amizades, quando encarnados, já estava feito, pois que já se sentiam compromissados com alguns deles, vivendo em harmonia.

No futuro, quando encarnado e encontrasse alguém com uma grande empatia, viu que poderia ter começado ali, naquela colônia.

Isso lhe deu uma paz muito grande.

Recebeu uma noticia que encheu-lhe a alma de alegria e de tristeza ao mesmo tempo.

Rosário havia desencarnado, mas no momento não poderia vê-la, estava se recompondo.

Como já se encontrava em estudos ficou pensando que talvez não a visse mais por ali.

Com certeza, ao sair do repouso, ela iria para outro lugar mais elevado.

O estado de evolução dela ficou claro em relação à ele e no plano espiritual não havia tempo para brincadeiras, para tudo havia uma razão de ser

Mas uma coisa era certa: o amor infinito de Deus; e quem sabe, um dia, a teria junto a si novamente.

Começou a entender um pouco, a tal eternidade e evolução, essa realidade dava-lhe paz, Deus um dia haveria de permitir, depois dos acertos, uma vida melhor junto aos seus.

Os dias transcorriam normais, era exatamente como estar encarnado, trabalho, compromissos, realizações...

Certo dia, foi chamado em um departamento no qual se encontrava doutor Blanco e mais algumas entidades.

Seria mostrado, a ele o novo compromisso de Matias.

A expectativa deixou-o nervoso, esperando ser esclarecido.

Mostraram-lhe sua nova jornada: Rosário seria um espírito protetor, como um espírito afim ela seria a voz íntima da consciência dele, nos momentos difíceis estaria por perto, induzindo-lhe bons pensamentos e atitudes nobres.

Ele deveria seguir sempre a "sua intuição" no sentido do bem, da caridade, honestidade, consigo e com o próximo.

Esse seria o trabalho dela!

A felicidade que sentiu ao receber essa noticia foi mesclada de tristeza, não seria sua companheira, com certeza, não mereceu.

E como já havia percebido nos estudos, era assim, cada vida era como uma página do livro da vida de cada um.

Mas o bom Deus de amor e bondade ainda assim estava cuidando de si, afinal ela seria como um anjo. O que mais poderia querer?

Seria uma vida de 68 anos, voltada ao trabalho, nasceria novamente em condições financeiras privilegiadas, e a inteligência dele a aumentaria, deveria voltar a atenção aos necessitados em caráter social.

E acima de tudo combater em si a ganância e a usura!

Intimamente esse era seu trabalho, desapego às coisas materias, deveria voltar a atenção própria para a filosofia, depurar um pouco o espírito endurecido que possuía.

Teria como companheira uma de suas netas, sendo esta mais velha do que ele, a esposa desencarnaria no parto, deixando-lhe duas filhas.

Elas seriam cuidadas carinhosamente por Sofia, sua antiga escrava que já se encontrava encarnada, em estado de penúria, ele deveria se condoer da sua família.

Seu sogro seria seu filho Henrique, no começo haveria um antagonismo entre eles, mas com dedicação e ajuda do plano espiritual, essa mancha se dissiparia.

Nasceria entre os dois o respeito e consideração, chegando ao amor de um filho.

Matias cuidaria do sogro na velhice, presenciaria o desencarne dele, seria para ele, dias antes de sua volta ao plano espiritual, que Henrique confessaria seu crime, em ato de confiança.

Seria um pedido de perdão mutuo, com um pouco de sorte e dedicação, ele Matias, saldaria esse divida contraída sem necessidade, uma vez que Miguelito não fazia parte de seu ciclo cármino, assim como os demais.

Com humildade e sabedoria poderia ter um fim esse episódio, sem sequelas para o futuro.

Uma de suas filhas, a mais velha seria Nayb, sua amada mãe para ajudá-lo a contrabalancear, com amor e ponderação a educação de sua segunda filha, esta sendo sua amada Goia.

A emoção tomou conta de si, Izabel seria retirada daquele lugar de sofrimento, teria sua mãe por perto, como sua filha, faltou-lhe palavras para expressar a alegria e expectativas.

Os espíritos superiores recordaram-lhe com sabedoria sobre a educação de Goia, deveria ser pautada no amor, compromisso e acima de tudo responsabilidades.

Lembraram-lhe que ela era irresponsável por muitas encarnações com a própria vida e de grande rebeldia íntima, a religiosidade deveria começar cedo.

O mais importante, ao longo da vida de Goia ao lado dele; Matias deveria estabelecer uma relação de confiança e acima de tudo não colocá-la em estado de cheque.

Ela poderia falhar outra vez, pondo fim na à vida novamente, o momento psicológico em estado de pressão apareceria e ele deveria estar atento!

As circunstâncias fariam esse trabalho. Caberia a ele ser o esteio das dificuldades surgidas à existência dela, com amor e dedicação.

Comprometeu-se com toda a alma a ser um pai amoroso, firme em relação á sua educação, mas um porto seguro para as dificuldades da vida dela, ajudando-a no equilíbrio pessoal para que ela não voltasse mais ao lugar em que estava.

Com alma renovada, saiu da sala se sentindo **pronto**, ficando apenas uma pergunta, quem seriam seus pais?

Doutor Blanco pôs fim a esse assunto, seriam duas almas já em estado de relativo conhecimento espiritual, espíritos colaboradores daquele hospital.

Da mesma forma que Rosário, quando dormiam, continuavam a jornada em direção à caridade.

Essa realidade deixou-o encantado, como era possível! Continuar o trabalho de amor ao próximo, estando ainda no corpo.

Ao saber sobre isso pôde comprovar essa verdade, muitos ali que apenas lhes sorriam, eram estes.

O espírito não para nunca, riu intimamente, quando encarnados fazemos tudo pelo descanso e horas de lazer e o lazer ali era a felicidade de ver os irmãos em equilíbrio.

Seria um árduo trabalho pela frente em sua jornada, mas o objetivo era um dia vir a ser um colaborador do bem, chega de dormir e vicejar em planos inferiores compactuando com irmãos em sofrimento.

Foi de grande importância tomar conhecimento sobre o fato da tal sintonia, nossos defeitos atraem espíritos encarnados ou não, de acordo com nossas tendências.

No futuro, gostaria de tornar-se como seus amigos e seus futuros pais, possuidores de sentimentos nobres e tendo como companhia almas dotadas de certos conhecimentos.

Seus futuros pais, ao tomarem conhecimento da historia, se dispuseram em tê-lo como filho.

E no futuro, saberia quem são essas duas almas, por hora estava de bom tamanho.

Bastava-lhe saber que seria por amor.

Abraçou o doutor, agradecendo por todo cuidado, pelo carinho dispensado, pediu desculpas pelo trabalho dado.

Este com um sorriso iluminado mostrava a felicidade de seu trabalho realizado!

Dirigiu-se ao salão de preces com emoção e agradecimento a Jesus por ter amigos sinceros, por ter sido socorrido por almas tão especiais, sabedoras das dívidas dele e ainda assim o amor foi incondicional.

Que Jesus lhe desse força e coragem na nova vida.

Esperava sinceramente que a experiência vivida entre seres evoluídos, ficasse gravada à memória, assim sendo as atitudes de Matias seriam mais nobres.

Pediu a Deus força e discernimento, que sua educação fosse voltada para a caridade e o amor.

Agradeceu antecipadamente os seus futuros pais, era um conforto muito grande saber que nasceria em lar equilibrado, desde já sabendo que seria amado. O que mais uma alma tão endurecida podia querer?

Entendia agora realmente, quais eram as mazelas próprias adquiridas e deveriam ser resolvidas, compreendia finalmente os caminhos que deveria seguir em direção ao amor e ao conhecimento.

Deus misericordioso lhe daria quantas oportunidades fossem necessárias, mas cabia unicamente a si, a responsabilidade dos próprios atos.

Faria um esforço para reter à consciência grande parte desses ensinamentos, essa atitude lhe traria menos desgosto no decorrer da vida.

Implorou perdão por ter partilhado do processo da escravidão, por ter, com as próprias mãos, aplicado pena a esses seres ditos como inferiores, por não ter tido a percepção de entender o sofrimento daqueles filhos de Deus arrancados dos seus.

Seria um passageiro no mundo físico, com mais honestidade e respeito por quem fosse passar pela vida dele, por conta dessa atitude, viveria com mais tranquilidade e esperança em dias melhores.

Pediu perdão ao nosso bom Deus e amparo ao nosso amado Mestre Jesus...

Sentindo uma sonolência reparadora, adormeceu confiante em seu novo regresso!

Nota sobre o autor

ANYA RUIZ

Em 17 de maio de 1478. Anya C. Ruiz foi julgada como herege pela "Inquisição Espanhola" e na impossibilidade de conseguir apresentar provas a favor da própria defesa foi condenada à fogueira em praça pública.

Desencarnou dessa forma aos 36 anos, deixando filhos e esposo, na cidade de La Corunã.

Foi considerada feiticeira por conhecer a cura de algumas doenças através das ervas e pertencer à nação Judaica.

Posterior a esse episódio, lhe foi facultada algumas encarnações sendo a última em nosso querido Brasil.

Vindo a desencarnar de acidente na Rodovia Regis Bitencur, selando assim parte do próprio passado comprometedor, em que as energias em desequilíbrio convergiam para os desencarnes trágicos, relacionados ás vidas pregressas.

Em paz relativa, alcançada pelas graças de nosso amado Jesus e auxiliada por mentores espirituais, lhe foi concedido o privilégio de nos relatar experiências vividas por irmãos em Cristo, e nos conclamar em direção às reflexões que vidas como essas, narradas nesse conto poderiam ser atribuídas a qualquer um de nós.

Todos os nomes são fictícios

Homenagem

Aos colaboradores dos estudos e práticas mediúnicas, incansáveis que são nos próprios objetivos, na condição de mestres e aprendizes, levam os conhecimentos possuídos aos que se iniciam nesta árdua e abençoada tarefa...

Dedicatória

Peço licença aos meus amigos e médiuns, que foram e são meus irmãos nessa caminhada, para dedicar esse singelo conto àquele que foi e é incansável em suas determinações, não questionando de forma alguma as dificuldades materiais e espirituais no tocante aos trabalhos mediúnicos.

Uma alma generosa e sempre pronta a servir!

Tenho o privilégio de elogiar sem ser piegas José Fausto Livramento, paradoxal ao servilismo, um ermitão de si mesmo, questionando sempre os próprios passos e cônscio dos erros cometidos, no entanto esses mesmos não o impedem de ser companheiro, dedicado e amigo e reconhecer-se filho de Deus!

Que Deus o abençoe pela sua dedicação!

Leo Fernandes